TATSÄCHLICH LERNEN

Planungs- und Einprägungstechniken für deinen Lernalltag

Maximilian Geisler & Jonas Alff

Impressum:
Maximilian Geisler
Alte Hannoversche Str. 2,
31008 Elze

Inhaltsverzeichnis

Vorwort

Lernen ist gar nicht so einfach. Viele hatten bereits Schwierigkeiten damit, gezielt Informationen zu lernen. Einige haben vielleicht nicht einmal eine Vorstellung davon, welche Schritte zu gehen sind, wenn wir zielgerichtet lernen sollen oder mit welchem Vorgehen wir zu einem guten Ergebnis kommen – ohne uns völlig zu verausgaben.

"Tatsächlich lernen" wurde für Personen geschrieben, die Schwierigkeiten damit haben, Schulstoff oder vergleichbare Inhalte zu lernen. Es wurde versucht eine verständliche Theoriebasis zu schaffen, damit auch komplette Neueinsteiger ein Gefühl dafür bekommen, worauf es beim Lernen ankommt. Der eigentliche Zweck ist aber zu verdeutlichen, wie "Lernen" in der Praxis funktionieren kann.
Dabei wenden wir uns an unerfahrene sowie erfahrene Schüler und an ihre Eltern. Genauso richten wir uns an Studenten in ihren ersten Semestern. Weiterhin möchten wir auch Erwachsene erreichen, die nach der Schule wieder lernen müssen, wollen oder sollen. Es geht sowohl darum, den (Neu-)Einstieg ins Lernen zu schaffen als auch darum, die Leistungen durch effizienteres Lernen oder sogar neue Methoden zu verbessern.

"Tatsächlich lernen" ist aufgeteilt in einen knapp gehaltenen Theorieteil und einen ausführlichen Praxisteil. Der Praxisteil gliedert sich in Lernstrategien, Lerntaktiken und Ausführungen zum "operativen Lernen".

Mit operativem Lernen ist die tatsächlichen praktischen Vorgehensweisen im Umgang mit zu lernenden Informationen gemeint. Hier liegt der größte Nutzen des gesamten Textes, da wir detailliert beschreiben wie in der Praxis vorgegangen werden kann, um sich (viele) Informationen effizient einzuprägen. Wir beschreiben also Lerntechniken.

Denn beim Lernen ist es von größter Bedeutung, mit den richtigen Werkzeugen zu arbeiten. Diese – für uns richtigen Werkzeuge – zu erkennen, ist kein Selbstläufer und kann am Anfang sogar mit höherem Zeitaufwand und Mehrarbeit verbunden sein. Es lohnt sich jedoch, diese Zeit zum Perfektionieren der für uns passenden Methoden zu nutzen, um am Ende bequemer, nachhaltiger und schneller zu lernen.

Leseanleitung

Folgende Inhalte werden unter den einzelnen Gliederungspunkten abgebildet:

Theorieteil
- ➢ Wie funktioniert Lernen in unserem Gehirn?
- ➢ Aufbau und Bedeutung von Informationsnetzen

Praxisteil
- ➢ Wie funktioniert der gezielte Einprägungsprozess in der Praxis?

Lernstrategien
- ➢ Ziel des Lernens und der Weg zum Ziel

Lerntaktik
- ➢ Lernen vorbereiten
- ➢ Lernen planen
- ➢ Rolle und Sinn von Wiederholungen

Operatives Lernen
- ➢ Einprägungstechniken, um Informationen gezielt zu verinnerlichen
- ➢ Der innere Lerndialog: der eigentliche Lernprozess
- ➢ Wiederholungs- und Übungstechniken
- ➢ Lernen unter Zeitdruck

Prüfungen
- ➢ Wie kommen wir in der Prüfung auf richtige Antworten
- ➢ Stressvermeidung und Umgang mit Prüfungsangst

Eine Möglichkeit "Tatsächlich lernen" zu lesen besteht darin, dem logischen Aufbau zu folgen. Dieser ist so gestaltet, dass die Lerntheorie in die Lernpraxis überleitet. Der Praxisteil verbindet die übergeordnete Planungsebene mit der Einprägungsebene – also mit dem operativen Lernen.

Dieses Vorgehen ist Neueinsteigern zu empfehlen, da so ein schlüssiges Gesamtbild und damit eine Vorstellung davon entsteht, wie "Lernen" im Schul- oder Unialltag gut funktionieren kann.

Jedes Kapitel ist so gestaltet, dass alternativ die Möglichkeit besteht, einzelne Aspekte gesondert zu betrachten. Es ist also nicht unbedingt notwendig, die Texte in der vorgegebenen Reihenfolge durchzulesen. Ebenso ist es nicht unbedingt notwendig, sämtliche Texte zu lesen. Wer sich nicht für Planungs- und Vorbereitungsaspekte interessiert, kann auch direkt mit den Einprägungstechniken beginnen. Ein passender Einstieg ist dann das Kapitel "Innerer Lerndialog". Dennoch lohnt es sich, vorher den Theorieteil zu lesen, um eine gute Grundlage für die verschiedenen Einprägungstechniken aufzubauen.

Einige Textpassagen sind hervorgehoben. Die umrahmten Abschnitte sind Beispiele für ein besseres Verständnis der Inhalte. Es sind teilweise zusätzliche Beispiele ergänzt, welche den Bedürfnissen einer älteren Zielgruppe mehr entsprechen werden.

I Sinnvoller lernen

Täglich lernen wir unzählige Informationen und Sachverhalte - bewusst oder unbewusst. Alles rund um unsere Lieblingsthemen lernen wir hierbei in einer erstaunlichen Leichtigkeit. Sobald es jedoch an das Lernen von unbeliebten Inhalten geht - beispielsweise in der Schule - scheint unser Gehirn zu blockieren. Dabei ist Lernen überhaupt nicht schwer. Jeder kann lernen. Solange wir in der Lage sind Deutsch oder irgendeine andere Sprache zu sprechen und zu schreiben, können wir uns auch "Schulwissen/Schulstoff" aneignen und uns sinnvoll auf Prüfungen vorbereiten.

Lernen wird häufig als besonders anstrengend und unangenehm empfunden. Es wirkt vielleicht wie ein Zwang der Schule oder Universität, der einer Pflichterfüllung gleicht und eben nicht automatisch von statten geht, wie das Erlernen unseres Lieblingssongs oder der Spieler unserer Lieblings-Fußballmannschaft. Dieser Unterschied kann durch die Herangehensweise an den Lernprozess bedingt sein.

Zum einen ist die Herangehensweise entscheidend. Mit der entsprechenden Motivation und genug Interesse kann das Gefühl des "Lernzwangs" reduziert oder zumindest relativiert werden. Es ist wichtig, dass wir unsere Ziele vor Augen haben. Denn natürlich werden wir uns, - besonders in der Schule - nicht für alle Fächer inhaltlich begeistern können. Aber es sollte sich auch bei nicht interessanten Themen zumindest eine gewisse Motivation zum Lernen einstellen, mit dem Übergeordneten Ziel einen guten Abschluss zu erreichen.

Zum anderen ist auch die Lerntechnik entscheidend. Wenn wir den Lernprozess wie einen Arbeitsvorgang angehen, wird dieser natürlich auch den Eindruck von Arbeit hinterlassen. Das klassische "Pauken" von einer Information nach der anderen gleicht Fließbandarbeit und dürfte folglich nicht als sonderlich angenehm empfunden werden. Ein freieres Lernen kann dieses Gefühl der Arbeit verringern und uns so das Lernen erleichtern. Dies ist auch wichtig, da Prüfungen immer häufiger nicht auf die stumpfe Wiedergabe von Wissen abzielen, sondern ein tiefergreifendes Verständnis für die Materie (Lerninhalte) einfordern.

Die nachfolgenden Kapitel stellen verschiedene Aspekte des Lernens dar - anhand unserer Erfahrungen und daraus resultierender Erkenntnisse, sowohl bezüglich der Planung und Organisation des Lernprozesses - zeitlich und inhaltlich - als auch in Bezug auf den tatsächlichen Lernvorgang, wenn wir sozusagen "mit unserem Lernmaterial am Schreibtisch sitzen".

Die Erläuterung erfolgt so oft es geht anhand von Beispielen, mit teilweise unterschiedlicher Komplexität. Die Hinweise und Methoden werden hierbei nicht für jeden vollständig passend sein. Um den individuellen Lernansprüchen gerecht zu werden, bedarf es bei den

Methoden eigentlich immer auch etwas Anpassung und Veränderung.

Jedoch können die vorgestellten Methoden hilfreich sein, um den Lernprozess zu modifizieren. Egal, ob bereits eine Grundidee für das eigene Lernen besteht oder noch gar kein Vorgehen zum Lernen bekannt ist. Egal, ob es um Schul-, Uni-, oder Ausbildungsinhalte geht. Egal, ob wir lediglich für eine Prüfung lernen oder das Wissen nachhaltig verinnerlichen wollen. Für jede Zielsetzung sind zumindest einzelne Methoden hilfreich sein.

II Theorieteil

1. Aufmerksamkeit und Wahrnehmung - der Weg der Informationen ins Gedächtnis

Wahrnehmung ist der Schlüssel zur Einprägung. Mit anderen Worten: soll eine Information langfristig aufgenommen werden, muss diese erst wahrgenommen und verarbeitet werden. Die Verarbeitung kann ohne Wahrnehmung – und zwar echter Wahrnehmung – nicht stattfinden. Daher ist der Wahrnehmungsprozess der erste Schlüssel zum Lernen.

Für unsere Zwecke ist nicht relevant, was auf biochemischer Ebene bei der darauffolgenden Informationsspeicherung – also beim Lernen – in unserem Gehirn tatsächlich passiert. Wichtig ist nur, sich bewusst zu machen, wie "rohe" Informationen über unsere Sinne in unser Gedächtnis gelangen und was wir tun müssen, damit diese Informationen auch im Gedächtnis bleiben und auch wieder abrufbar sind.

Um diesen Prozess zu verstehen, bietet sich das sogenannte "Drei-Speicher-Modell" an.[1] Ein klassisches Modell der Informationsverarbeitung, welches an dieser Stelle Ausgangspunkt für unsere weiteren Überlegungen sein soll. Wie der Name bereits erahnen lässt,

---

[1] Die Ausführungen zu diesem Modell basieren auf: *Friedemann W. Nerdinger - "Grundlagen des Verhaltens in Organisationen", 2012 (3. Auflage), Seite 58 - 61*

geht dieses Modell davon aus, dass die Aufnahme und Verarbeitung von Informationen über drei Speicher abläuft – den "sensorischen-Speicher", den Kurzzeitspeicher (oder auch Kurzzeitgedächtnis) und den Langzeitspeicher (oder auch Langzeitgedächtnis).

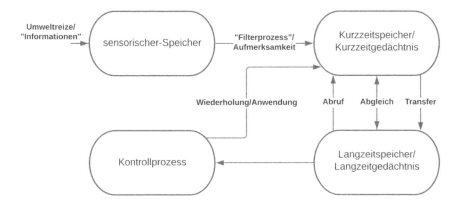

Abb.1: Das Drei-Speicher-Modell

Die menschlichen Sinnesorgane nehmen permanent eine Unmenge an Informationen auf. Diese werden jedoch maximal für eine halbe Sekunde im sensorischen-Speicher gehalten. Nur ein Bruchteil der Informationen finden Ihren Weg in die bewusste Wahrnehmung – den Kurzzeitspeicher. Sich diesen Filtermechanismus einmal bewusst zu machen, ist sehr wichtig, wenn wir den Lernprozess als Ganzes verstehen wollen. Stell dir vor du sitzt in einem lauten Klassenzimmer. Trotzdem wirst du in der Lage sein dich mit deinem

Sitznachbarn zu unterhalten. Die für dich irrelevanten Hintergrundgeräusche werden herausgefiltert. Ruft jedoch plötzliche ein Mitschüler vom anderen Ende des Raumes deinen Namen, wirst du dies mitbekommen. Dieses Beispiel zeigt, dass Wahrnehmung selektiv (eine Auswahl betreffend) von statten geht.

Damit eine Information den sensorischen-Speicher passieren kann, muss sie unsere *Aufmerksamkeit* erregen. *Aufmerksamkeit* kann auf verschiedene Arten zustande kommen. Neben automatischer natürlicher Aufmerksamkeit, wie z.B. durch ein blinkendes Licht, eine Sirene oder eben deinen Namen, kann Aufmerksamkeit auch bewusst motiviert (gewollt) erzeugt werden. Und genau die bewusst motivierte Aufmerksamkeit brauchen wir beim Lernen. Das Bedeutet: wenn wir nicht wissen, wie wir eine Information erlernen sollst, ist der erste Schritt unsere Aufmerksamkeit bewusst auf diese Information zu lenken.

Informationen, die es schaffen die Hürde des sensorischen-Speichers zu meistern, gelangen ins Kurzzeitgedächtnis und können von dort aus ins Langzeitgedächtnis transferiert (überführt) sowie von dort aus abgerufen werden. Im Kurzzeitgedächtnis verbleibt die Information dann für einige Sekunden. An diesem Punkt ist es wichtig zu realisieren, dass die Informationen hier mit dem eigentlichen Gedächtnis – dem Langzeitspeicher – abgeglichen werden. Das Gehirn vergleicht also die Informationen im Kurzzeitspeicher mit vorhandenen Informationen im Langzeitgedächtnis. Sind hier bereits Anknüpfungspunkte vorhanden, werden diese Informationen leichter als bekannt identifiziert (erkannt) und dementsprechend als wichtig klassifiziert (eingeordnet). Wir gehen an späterer Stelle noch einmal darauf ein, dass es durch diesen Effekt leichter ist, etwas dazuzulernen, wenn bereits viel Wissen zu einem Thema bekannt ist.

Informationen unterliegen sowohl beim Transfer in den Langzeit-speicher als auch bei der Archivierung einem ständigen Kontroll-prozess. Wiederholen und Anwenden des Gelernten bringt die Information erfolgreich durch den Kontrollprozess. Die Information bleibt im Gedächtnis erhalten, weil sie wichtig ist.

Erfahrungsgemäß kann es bereits nach dem Erstkontakt mit Informationen zu einem Lernproblem kommen, wenn die Informationen nicht die entsprechende *Aufmerksamkeit* erzeugen, um in das Kurzzeitgedächtnis überführt zu werden. Genau hier können wir das erste Mal praktisch ansetzen.

Denn allein das *"Wahrnehmen-wollen"* ist ausreichend sein, um eine Information durch die sensorischen Filter zu bringen.

Wer in einem lauten Klassenraum versucht die Worte eines bestimmten Mitschülers herauszufiltern, dem wird das in der Regel (i.d.R.) gelingen. Bezogen auf das Lernen von konkreten Informationen heißt das: der erste Schritt beim Einprägen einer Information ist das "Wollen". Wir müssen diese Information wissen wollen, weil wir sie brauchen und damit diese Information es auch bei inhaltlichem Desinteresse durch die sensorischen Filter schafft.

Das Hauptproblem der meisten Lernenden ist jedoch nicht die Aufnahme in das Kurzzeitgedächtnis. Diese Aufnahme läuft i.d.R. automatisch ab, sobald wir eine Information als wichtig genug erachten. Wichtig kann an dieser Stelle auch heißen, die Information ist für uns relevant, weil wir sie für einen Test brauchen. Das Hauptproblem liegt in der aktiven Überführung vom Kurzzeitgedächtnis in das Langzeitgedächtnis. Aktiv deshalb, weil dies bei größeren Stoffmengen, die wir uns zum Teil nicht selber aussuchen und die uns im schlechtesten Fall auch nicht interessieren, nicht automatisch passiert. Die Informationen müssen als relevant klassifiziert werden. Hier setzen viele unserer Praxistipps im zweiten Teil an.

Zusammengefasst existieren zwei Hürden, die wir beim Lernen überwinden müssen. Zum Erlernen einer Information braucht es *Aufmerksamkeit*, sowie die Fähigkeit, die Information vom *Kurzzeitspeicher* in den *Langzeitspeicher* zu überführen. Voraussetzung zum Lernen ist, beide Hürden zu überwinden.

2. Informationsnetze

Als Informationsnetz oder auch Wissensnetz bezeichnen wir unser kognitives (gedankliches) Schema, das wir zu einem Themengebiet im Kopf haben. Enthalten sind die Informationen, die wir in unserem Langzeitgedächtnis gespeichert haben, sowie die Verknüpfungen zwischen diesen Informationen. Die Verknüpfungen haben dabei einen genauso großen Wert wie die verknüpften Informationen selbst. Warum ist das so? Nun, weil unser Denken hauptsächlich assoziativ verläuft. Die bestehenden Verbindungen zwischen den einzelnen Informationen machen diese erst zum eigentlichen Wissen. Warum ist das für das Lernen relevant? Weil wir uns vergegenwärtigen müssen, dass es beim Lernen im Kern darum geht, Informationen in unser Wissensnetz zu integrieren und zu verfestigen, indem wir so viele Verbindungen wie nur möglich zu dieser Information schaffen. Wir können sagen: neue Informationsknoten werden passend in das bestehende Netz eingearbeitet. Wir lernen eine Information also nie für sich allein, wir lernen ihren Zusammenhang mit anderen Informationen. Allein die Zugehörigkeit zu einem Themengebiet ist ein Zusammenhang, den wir mit der Information lernen. Diese Zugehörigkeit ist wiederum eine Verbindung, die es uns ermöglicht die Information erstens zu Speichern und zweitens später auch wieder abzurufen, indem wir sie (beispielsweise mit dem Thema) verbinden. Entscheidend sind die Anknüpfungspunkte. Ein

Großteil der weiter unten vorgestellten operativen Lernmethoden basieren auf diesem Grundsatz.

Das assoziative Lernen ist nicht auf das Lernen von Stoff beschränkt, vielmehr bildet es die Grundlage jeglichen menschlichen Lernens. Ein einfaches Beispiel: muss der Name einer Person gelernt werden, schaffen wir im Kopf eine Verbindung zu ihrem Gesicht, ihrer Position oder auch ihrer Rolle. In jedem Fall suchen wir uns etwas, mit dem wir den Namen der Person verbinden - also assoziieren (mit etwas verknüpfen/in Verbindung bringen). Lernen durch Assoziieren ist also ein ganz natürlicher Prozess.

Der Vorteil des assoziativen Denkens ist, dass der Einprägungsprozess im Gehirn automatisch abläuft, unter der Voraussetzung, dass wir der Information genügend Aufmerksamkeit und Priorität geben, um sie ins Langzeitgedächtnis zu überführen. Das bewusste Lernen setzt daher nicht beim tatsächlichen Abspeichervorgang an, sondern beim Einordnen der Information in ein Schema oder Themengebiet. Das Einfügen in das Wissensnetz ist unter diesen Bedingungen kein Problem.

Beim Wiederabrufen ist dies anders, dazu aber an späterer Stelle mehr.

Wenn wir über ein Thema wenig wissen, haben wir nur wenige Informationen gespeichert, welche aber trotzdem untereinander verknüpft sind. Je mehr Informationen wir über ein Thema haben, desto höher ist die Wahrscheinlichkeit, dass wir einen oder sogar mehrere gute Anknüpfungspunkte haben. Je größer unser Netz bereits ist, desto leichter lässt sich eine neue Information in unser Wissensnetz einbauen. Die dauerhafte Anknüpfung ist wahrscheinlicher, und sie wird auch einfacher. Einfacher wird sie deshalb, weil die Wahrscheinlichkeit einer Assoziation höher wird, je mehr Anknüpfungspunkte es bereits gibt.

An dieser Stelle wollen wir betonen, welche Wichtigkeit dieser Umstand für das Erlernen von klassischem Lernstoff an (Berufs-)Schulen und Universitäten hat.

Das Bewusstsein für die Entwicklung von Wissensmengen beim aktiven Lernen ist Grundlage für die Planung der Prüfungsvorbereitungen, dem Strukturieren von Lerneinheiten und dem operativen tatsächlichen "Lernen".

Einer der größten Fehlschlüsse, denen wir beim Lernen unterliegen können, ist das der Kopf "voll" werden kann. Richtig ist: das Gehirn hat solch enorme Speicherkapazitäten, dass es im normalen Schul- oder Unialltag im Prinzip unmöglich ist, es zu füllen. Es ist lediglich in der Praxis für die meisten Menschen in seiner täglichen Aufnahmefähigkeit begrenzt. Ein Problem, dass es durch richtiges Vorgehen im Lernalltag zu lösen gilt.

Der Umstand, dass es leichter ist, etwas dazuzulernen, wenn wir bereits viel wissen und, dass unsere Speicherkapazität mit Schul- oder Unistoff faktisch nicht zu füllen ist, lässt die folgenden Schlussfolgerungen zu.

Der Einstieg, bzw. die ersten Informationen werden in der Regel am schwierigsten zu erlernen sein, da am Anfang wenige Anknüpfungspunkte zur Verfügung stehen. Das Abspeichern neuer Informationen an ein vorhandenes und gut verknüpftes Wissensnetz, findet automatisch statt.

Daher wird das Lerntempo tendenziell immer ansteigen, je weiter wir in ein Themengebiet vordringen. Dies kann erfahrungsgemäß unter Planungs- und Motivationsaspekten wichtig sein.

3. Zusammenfassung

Das ist also die theoretische Grundlage, auf der alles weitere aufgebaut ist. Diese Grundlage untermauert die folgenden Vorgehensweisen und Tipps. Und sie eignet sich für unsere Zwecke ausgezeichnet, da sie sich in wenigen Worten zusammenfassen lässt:

Lernen bedeutet, durch die richtige Aufmerksamkeit, Informationen so in die eigenen Speicher zu holen, dass diese danach dauerhaft mit anderen Informationen in unseren Wissensnetzen verknüpft werden und durch Assoziationen wieder abrufbar sind.

Und genau dieser Lernprozess lässt sich mit dem richtigen Vorgehen kanalisieren. Wie wir dabei vorgehen, welche Erfahrungen wir gemacht haben und was wir für Möglichkeiten entdeckt haben, wird im folgenden Praxisteil beschrieben.

III Praxisteil

1. Lernstrategie

1.1 Langfristige Planung

Zuallererst muss in diesem Zusammenhang festgehalten werden, dass der Begriff der "Längerfristigen Planung" ins Verhältnis zur Stoffmenge gesetzt werden muss. Je nach Umfang der Lerninhalte und der Zeit, über welche diese vermittelt werden, sollte der Planungszeitraum und Planungsumfang natürlich variieren. Bereite ich mich auf einen kurzfristig angekündigten Test vor, ist zwangsläufig der Planungsspielraum geringer, als wenn ich längerfristig eine Klassenarbeit im Blick behalte oder sogar eine Klausur über Inhalte eines ganzen Semesters an der Universität plane.

Weiterhin ist es auch eine sehr individuelle Entscheidung, wie stark ich meine Lernzeit strukturiere. Benötige ich feste und sehr konkret geplante Einheiten, die einem eigenen Stundenplan nahekommen? Oder möchte ich lieber einen flexiblen Rahmen schaffen?

Aber warum ist es überhaupt sinnvoll, sich selbst Pläne zu erstellen? Ein offensichtlicher Vorteil von äußerst präzisen Planungen zeigt sich besonders bei anfänglichen Lernschwierigkeiten. Beispielsweise, wenn der Lerninhalt nicht in den eigenen Interessenbereich fällt. Ein fester Wochen- oder Stundenplan kann so das Lernen zu bestimmten Zeiten "erzwingen" und ein Aufschieben verhindern.

Dies gilt besonders, wenn ich unmotiviert und inkonsequent im Umgang mit dem Lernstoff bin oder allgemein etwas unstrukturiert. Der Plan gibt uns die Möglichkeit, uns mental auf das Lernen vorzubereiten und gleichzeitig zu wissen, wann wir wieder fertig sein werden.

Aber auch flexible Personen, denen ein fester Zeitplan nicht zusagt, sollten eine grobe Struktur in ihr Zeitmanagement bringen. Denn, wenn der "administrative" Vorgang des Planens erledigt ist, müssen sich keine Gedanken mehr darüber gemacht werden, was noch alles zu erledigen ist. Der Kopf ist frei zum Lernen, Stress wird reduziert und ein sicherer Leitfaden geschaffen. Und auch der motivierende Faktor, durch sichtbaren Fortschritt, ist nicht außer Acht zu lassen. Stehen in einer Schulwoche z.B. Tests in unterschiedlichen Unterrichtsfächern an, kann es hilfreich sein, vorher festzulegen, wann für welches Fach gelernt wird. Dieser Hinweis klingt vielleicht banal, kann aber dabei helfen, den Fokus vollständig auf die zu lernenden Informationen zu legen, ohne unbewusst darüber nachzudenken, welche Aufgaben noch zu bewältigen sind.

Weiterhin kann ein Plan zeitliche Engpässe aufzeigen. Unter Umständen müssen dann Anpassungen vorgenommen und abgewogen werden. Muss vielleicht wohl oder übel auf Lernstoff verzichtet werden? Oder sollte z.B. mehr Zeit in ein Fach investiert werden, in welchem eine gute Leistung aus unterschiedlichsten Gründen notwendiger ist? Sei es Verbesserungspotenzial, Relevanz für den weiteren Werdegang oder auch einfach Notendruck. Rechtzeitiges planen des Lernumfangs kann helfen, Engpässe früh genug zu erkennen und sie zu beheben. Es gilt abzuschätzen, für welches Unterthema, welches Zeitbudget benötigt wird.

Anderseits kann jedoch während der Planung durchaus auch der Schluss aufkommen, dass eine zu langfristige Vorausplanung nicht notwendig ist. Manchmal kann diese sogar nicht möglich sein. Beispielsweise bei sehr überschaubaren Themengebieten oder sehr wenig verbleibender Zeit bei spontanen Leistungskontrollen.

Unterschiedliche Themengebiete erfordern in vielen Fällen auch unterschiedliche Pläne. Entscheidend ist es hierbei, sich eine Strategie zu überlegen, welche einem persönlich zielführend erscheint. Anders als bei rein theoretischem Lernstoff (z.B. im Geschichtsunterricht) kann es in anwendungsbasierten Themengebieten (z.B. der Mathematik) sinnvoll sein, einen entsprechenden Übungsteil möglichst groß und langfristig zu planen oder diesen sogar voranzustellen.

Eine Strategie kann auch direkt ergebnisbezogen sein. Möchte ich ein Themengebiet möglichst umfangreich und nachhaltig erarbeiten und verstehen, sollte ich einen längeren Zeitraum mit vielen Wiederholungs- und Anwendungsphasen einplanen. Gerade in der Schule kann das Ziel aber auch sein, lediglich einen Test erfolgreich zu meistern. Hier könnte eine kürzere Vorausplanung natürlich genügen, was den Begriff der *langfristigen* Planung in diesem Fall relativiert.

Allgemein können bei der Planung, die Makro- und Mikroebene unterschieden werden. Auf der Makroebene gilt es, erst einmal Unterrichtsfächer, Kurse oder Stoffgebiete bezüglich des Zeitbedarfs, aber auch der konkreten zeitlichen Lage der Lernzeit zu ordnen. Semester-, Monats- oder Wochenpläne können hierbei bewährte Mittel sein.

Auf der Mikroebene können darauf aufbauend, Inhalte der einzelnen Fächer innerhalb des festgelegten Zeitfensters geplant werden. Die folgenden Fragen könne eine Hilfestellung bei der Strukturierung der Lerneinheiten sein: Welche konkreten Inhalte sollen wann gelernt werden? Welche Inhalte müssen noch intensiv gelernt werden? Welche sind bereits fest verankert? Wann und in welchem Umfang sollten Wiederholungs- und Übungsphasen stattfinden? In welcher Reihenfolge sollten die Lerninhalte angegangen werden? Können Unterthemen übersprungen werden, vielleicht auch einfach weil ein Bereich (noch) nicht interessant wirkt? Wird es nötig sein, Zeitpuffer bei Verständnisproblemen einzubauen?

Abschließend soll nun aber auch geklärt werden, wie so ein langfristiger Plan in der Praxis aussehen kann. Dazu stehen eigentlich alle erdenklichen Mittel zur Verfügung. Für den fortgeschrittenen und flexiblen Lerner kann eine geistige Struktur ausreichend sein. Eine solche geistige Struktur besteht darin, sich einmal bewusst die Zeit zu nehmen, über die Koordination der anstehenden Aufgaben nachzudenken. Die Verschriftlichung eines Plans bringt auch einige Vorteile mit sich – ob im Kalender, mit unterschiedlichsten Apps digitalisiert, im Hausaufgabenheft oder am White Board. Ist eine allgemeine oder auch detailliert geplante Struktur erst einmal aufgeschrieben, stellt sie eine dauerhafte Orientierung dar. Der Einstieg in den tatsächlichen (bzw. operativen) Lernprozess wird erleichtert. Nach der Schule, der Vorlesung oder nach dem Aufstehen muss nicht erst noch darüber nachgedacht werden, welcher Stoff noch zu lernen ist, welche Prioritäten bestehen und wie viel Zeit noch bleibt. Wenn der vorangestellte Planungsprozess entsprechend akkurat war, kann sich auf die Tages- oder Wochenaufgabe konzentriert werden.

Anhand zweier Beispiele für Schule und Universität werden zwei mögliche Pläne kurz erläutert.

In der Schule muss häufig mit kurzfristigen Plänen gearbeitet werden. Tests und zum Teil sogar Klassenarbeiten werden spontan angesagt bzw. bringen von Natur aus nur geringe Vorbereitungszeiten mit sich. Es bietet sich daher an, sich am Anfang der Woche einen Überblick zu verschaffen: Welche Tests stehen wann an? Welche Hausaufgaben oder Referate müssen noch erledigt werden?

Im Zuge dessen sollte dann z.B. in den Kalender eingetragen werden, in welchem Zeitraum die entsprechenden Aufgaben erledigt werden. Dies hängt natürlich von dem verbleibenden Aufwand ab und kann unterschiedlich konkret festgelegt werden. Wird z.B. am Mittwoch ein Biotest geschrieben, möchte man sich vielleicht am Dienstag darauf vorbereiten (oder sogar noch strikter die Uhrzeit festlegen, z.B. um 15:00 Uhr). Gerade wenn es auch um ein tiefgreifendes Verständnis für die Lerninhalte geht, kann es jedoch sinnvoll sein, die Planungsdimension zu erweitern – also sogar einen Plan für die kommenden zwei oder drei Wochen zu erstellen. Dies bietet wiederum mehr Freiraum für Flexibilisierung, sollten beispielsweise Probleme oder weitere Aufgaben auftreten. Bekannte Termine und entsprechende Lernzeiten sollten also geplant werden. Gleichzeitig sollte aber auch der Mut vorhanden sein, umzustrukturieren, wenn es notwendig ist.

➢ **Montag:** 14:00 Uhr Vorbereitung Englisch-Vortrag

➢ **Dienstag:** 15:00 Uhr Lernen für Biotest

➢ **Mittwoch:** 16:30 Uhr Lernen für Mathetest (für nächs ten Montag)

➢ **Donnerstag:** 14:00 Uhr bis 16:00 Uhr Zeit für neue Aufgabe

> **Freitag:**   14:00 Uhr Deutsch-Aufsatz anfertigen (für nächsten Dienstag)

> **Samstag:**   Erholung/Pause

> **Sonntag:**   Wiederholung für den Mathetest

Für Lernende, die noch nicht erfahren sind, kann es sinnvoll sein, sich im Rahmen der Vorplanung bereits damit zu beschäftigen, welche konkreten Unterthemen wann und in welcher Reihenfolge gelernt werden. Und mit konkret ist an dieser Stelle auch konkret gemeint. Für eine Biologieklassenarbeit zum Thema Wirbeltiere können beispielhaft verschiedene Unterthemen wie folgt auf eine einwöchige Vorbereitungszeit verteilt werden:

Montag:

Übersicht über den Stoff erlangen, Schwerpunkte herausarbeiten & einmaliges allgemeines querlesen des Stoffes

Dienstag:

Lernen: Säugetiere (Merkmale, Vorkommen und Beispiele)

Lernen: Fische (Merkmale, Vorkommen und Beispiele)

Mittwoch:

Lernen: Reptilien (Merkmale, Vorkommen und Beispiele)

Wiederholen: Säugetiere

Donnerstag:

Lernen: Amphibien (Merkmale, Vorkommen und Beispiele)

Freitag:

Wiederholungen: Reptilien

Samstag:

Alles Wiederholen und miteinander vergleichen, um zu vertiefen

Sonntag:

Pause bzw. Wiederholung

Montag:

Leistungskontrolle

An dieser Stelle sollte bereits gut erkennbar sein, dass ein System aus Wechseln zwischen neuen Inhalten und Wiederholungen sinnvoll ist. Darauf gehen wir im taktischen Teil näher ein.

Da an der Universität in der Regel am Ende eines Semesters Klausuren zu allen Kursen belegt werden, lässt sich hier noch weiträumiger planen. Wann liegen die zu absolvierenden Prüfungen? Wie viel Zeit liegt zwischen den einzelnen Klausuren? Und besteht eine vorlesungsfreie Phase mit mehr zeitlicher Flexibilisierung? Auf diese Weise kann schon lange im Voraus geplant werden, wann Lernzeiten für entsprechende Prüfungen liegen sollten. Aber auch hier ist natürlich Anpassungsbereitschaft von Vorteil, sollte sich zum Beispiel innerhalb des Semesters herausstellen, welche Kurse schwieriger zu bearbeiten sind als andere. Unterstützend zu einem solchen langfristigen Prüfungsvorbereitungsplan, welcher sich wahrscheinlich erst mit der Zeit konkretisieren wird, kann natürlich auch hier ein Wochenplan von Vorteil sein.

Wenn längerfristige konkrete Planung möglich ist, sind mindestens drei verschiedene Vorgehensweisen denkbar.

Wie im Schulbeispiel können Stundenpläne erstellt werden, wann was zu lernen ist. Eine weitere Möglichkeit ist das Erstellen und Zuteilen von Zeitbudgets, denen bestimmte Tätigkeiten zugeordnet werden. Ein konkretes Beispiel:

➤ Jeden Dienstagnachmittag lerne ich für den *Kurs A*

➤ Jeden Mittwochnachmittag für *Kurs B*

> ➤ Jeden Donnerstagnachmittag für *Kurs C*

> ➤ Am Freitagnachmittag wird der Stoff der Woche wiederholt

Die dritte Möglichkeit besteht in einer Meilensteinplanung (eng. Milestone). Hierbei werden Ziele mit dazugehörigen Zeitpunkten festgelegt, um diese zu erreichen. Auch hier empfiehlt es sich, sehr konkret zu werden:

> ➤ Bis zum **31.07.** möchte ich den Stoff von *Kurs A* grundsätzlich verstanden haben

> ➤ Bis zum **10.08.** möchte ich Unterthema *1/10, 2/10, 3/10* gelernt haben

> ➤ Bis zum **15.08.** möchte ich Unterthema *4/10, 05/10, 06/10, 07/10* gelernt haben

> ➤ Bis zum **20.08** möchte ich Unterthema *8/10, 9/10* und *10/10* gelernt haben

> ➤ Ab dem **20.08** ist eine Wiederholungs- und Prüfungsphase geplant

> ➤ Klausur am **01.09.**

Welche dieser Varianten gewählt werden, ist von der persönlichen Präferenz abhängig.

Sowohl in der Schule als auch an der Berufsschule oder der Hochschule müssen i.d.R. mehrere Gebiete parallel bearbeitet werden. Logischerweise ergibt sich dadurch zusätzlicher Koordinationsaufwand. Problematisch wird es, wenn wir unsere Lieblingsfächer bzw. Kurse auch in der Planung vorziehen und diesen den Vorrang geben. Diesen Fehler gilt es unbedingt zu vermeiden. Im Gegenteil: es empfiehlt sich, unbeliebtem Stoff in der Planung immer den Vorrang zu geben.

Zusammenfassend lässt sich somit festhalten, dass eine langfristige Planung Sicherheit gibt und die Konzentration auf das operative Lernen ermöglicht. Die praktische Ausgestaltung eines Plans, also dessen Umfang und Strukturierungsgrad, unterliegen der persönlichen Präferenz. Es kann durchaus sinnvoll sein, hier verschiedene Variationen auszuprobieren. Wichtig ist, keine Angst vor notwendiger Umstrukturierung zu haben und immer Zeit für Unvorhergesehenes einzuplanen.

1.2 Wissensnetze in der Praxis

Ziel der strategischen Planung ist der Aufbau eines möglichst stabilen Wissensnetzes zu einem Themengebiet. Je älter wir werden bzw. je weiter wir auf dem eigenen Bildungsweg voranschreiten, desto umfangreicher werden diese Themengebiete. Dadurch werden auch die Wissensnetze, die wir anlegen, größer und vielschichtiger. Je größer ein Wissensnetz wird, desto wichtiger ist es, dass gute und stabile Basisinformationen zur Verfügung stehen, an denen sich "Nebeninformationen" problemlos anknüpfen lassen. Für die strategische Planung ist es wichtig, den Fokus auf die Basisinformationen zu legen. In der Praxis können diese beispielsweise wie folgt herausgestellt werden:

Beispiel Biologie Unterricht: in einem Test sollen Tiere anhand der festen Parameter Größe, Gattung und maximales Lebensalter verglichen werden. Diese Parameter können Basisinformationen sein. Der erste Schritt ist nun, die Parameter zu lernen, an denen die Tiere verglichen werden sollen. Im Kopf entstehen so Anknüpfungspunkte, wie verschiedene Tiere miteinander verglichen werden können, an denen sich dann die tatsächlichen Fakten anknüpfen lassen - also wie groß ein Bär wird, wie alt eine Kuh werden kann und zu welcher Gattung eigentlich der Dendrocopos gehört.

Beispiel BWL - Bilanzanalyse - "Grenzen der Bilanzanalyse":
Hier können 20 verschiedene Sachverhalte auswendig gelernt werden, die den "Bilanzanalysten" in seiner Arbeit begrenzen. Das reine Auswendiglernen, ist sehr aufwendig und die Chance etwas zu vergessen ist hoch. Allerdings können diese 20 Sachverhalte auf drei Unterthemen verteilt werden: die Informationsquellen, die eine Bilanzanalyse begrenzen können, das mögliche Analysevorgehe, welches die Bilanzanalyse begrenzt und die Person des Analysten, die beispielsweise durch fehlende Qualifikationen eine Bilanzanalyse in ihrer Tiefe begrenzt. Die Basisinformationen sind in diesem Fall: Informationsquellen, Analysevorgehen und die Person des Analysten. An diese 3 Informationen können alle weiteren angeknüpft werden.

Haben wir diese Basisinformationen in unserem Gedächtnis hinterlegt, sollten diese mit so vielen Nebeninformationen wie möglich verknüpft werden. Dies hat den Effekt, dass das Netz als Ganzes stabilisiert wird und die Assoziationen einfacher werden. Beispielsweise können wir uns erinnern, dass eine Kuh i.d.R. nicht älter wird als 22 Jahre. Ein Braunbär wird bis zu 30 Jahre alt, also immerhin erheblich älter als die Kuh. Daraus ergeben sich eine Vielzahl von Zusatzinformationen, die wir automatisch mit im Kopf haben: die Differenz des maximalen Alters beträgt 8 Jahre. Wenn ich weiß wie

Alt der Bär wird, kann ich daraus das Alter der Kuh ableiten und umgekehrt. Bei mehreren Tieren kann sich beispielsweise eine Rangfolge (ähnlich einer Zahlenreihe) ergeben, aus der wir Hinweise auf die unterschiedlichen Alterskategorien der einzelnen Tiere ableiten können. Dies sind nur einige Beispiele.

Schon der bloße Vergleich zwischen Kuh und Bär ist also eine weitere Information, die uns im Test helfen kann, die richtigen Alterszahlen zu assoziieren, sollten wir nicht darauf kommen. Und was auf dieser, zugegebenermaßen recht einfachen Ebene klappt, funktioniert auch bei wesentlich komplexeren Informationen, solange diese gut verknüpft sind.

Daraus ergibt sich in der Praxis, dass es beim Aufbau von nachhaltigen Wissensnetzen wichtig ist, sich die Basisinformationen so fest wie möglich einzuprägen. Da die Assoziation der Nebeninformationen an genau diesen ansetzt, sind gerade die Basisinformationen auch entscheidend beim Wiederholen von Stoff. In der Praxis kann das heißen: sind die Informationen im ersten Durchgang erst einmal alle "durchgelernt", heißt das unter Umständen, dass nur die Basisinformationen in Erinnerung gerufen werden müssen, um das gesamte Wissensnetz präsent zu halten. Dazu an späterer Stelle mehr. Dies gilt es aber, bei der strategischen Planung zu berücksichtigen.

Wichtig auf der Strategieebene ist außerdem, dass wir uns immer bemühen sollten, möglichst viele Informationen in unser Wissensnetz zu integrieren. Dazu zählen auch Nebensächlichkeiten, da die Erfahrung gezeigt hat, dass wir uns gerade an solche leicht erinnern. Diese können helfen Assoziationen zu den Basisinformationen aufzubauen, um von dort aus wiederum zu den weiteren Informationen zu gelangen. Schlussendlich bilden wir uns eine gedankliche Eselsbrücke.

Beim Aufbau von Wissensnetzen ergibt es ebenfalls Sinn, dass neue Netz ganz bewusst mit der nächsthöheren (unter Umständen auch mit der nächstniedrigeren oder parallel verlaufenden) thematischen Ebene zu verknüpfen, um einen Gesamtkontext herzustellen. Die Informationen werden somit weiter vernetzt. Bei unseren Beispielen würde das folgendes bedeuten:

> Im Biologieunterricht lässt sich der Vergleich verschiedener Tiere in das Gebiet der Zoologie einordnen. Hier sind eine Vielzahl von Verknüpfungen möglich. Eine weitere thematische Verknüpfung wäre die Einordnung der Tiervergleiche in den Gesamtlehrplan des jeweiligen Kurses. Auch hier lassen sich mit Sicherheit einige Verknüpfungen herstellen.

Das zweite Beispiel der "Grenzen der Bilanzanalyse" lässt sich thematisch natürlich mit der Bilanzanalyse als gesamtes Verknüpfen. Diese wiederum mit allgemeiner Rechnungslegung und die Rechnungslegung sowohl mit BWL als auch mit Steuerrecht und Wirtschaftspolitik. Es lassen sich zu allen Themengebieten direkte und indirekte Assoziationen herstellen.

Auch diese Art der Vernetzung leistet das Gehirn automatisch, wenn der Lernende sich mindestens einmal bewusst gemacht hat, welche Zusammenhänge zu angrenzenden Ebenen bestehen.

Zusammengefasst: die Planung des Lernstoffes sollte auf den Aufbau eines möglichst großen und komplexen Wissensnetzes hinauslaufen, das stabile Basisinformationen enthält. Es sollten so viele Informationen wie möglich enthalten sein und im besten Fall auch Verknüpfungen mit anderen Wissensnetzen bestehen. In der strategischen Planung von Lernstoff geht es darum, sich ein solches Netz zu erarbeiten.

1.3 Absolute Lernzeiten und Zeiterfassung als Analyse- und Motivationsfaktor

Das Erfassen und Protokollieren von aktiver Lernzeit ist theoretisch noch nie so einfach gewesen wie heute. Eine Stoppuhr hat jedes Smartphone und mit einfachsten Programmen lassen sich Zeiten tabellarisch aufführen und bei Bedarf auch visualisieren.

Sowohl für Lerneinsteiger als auch für Fortgeschrittene empfiehlt es sich, einmal über mehrere Wochen, Monate oder vielleicht sogar die gesamte Schul- oder Studienzeit die Lernzeiten zu protokollieren.

Werden die Zeiten gewissenhaft protokolliert, wird die Höhe der Zeit möglicherweise deutlich unter den Erwartungen liegen. Es könnte der Schluss gezogen werden, zu wenig zu lernen. Richtig und wichtig ist aber die Erkenntnis: die Zeit, die wir zum tatsächlichen aktiven Lernen benötigen, ist gar nicht so lang. Zumindest wird sie i.d.R. deutlich unter dem liegen, was allgemein erwartet wird. Allein schon durch Vorbereitung und Pausenzeiten bzw. Erholungsphasen reduziert sich die "tatsächliche Lernzeit" in Relation zur "insgesamt aufgewendeten Zeit" erheblich.

Letztlich hängt die notwendige Lernzeit trotzdem von den persönlichen Fähigkeiten, dem eigenen Anspruch und der Schwierigkeit der Thematik ab.

Ein weiterer Vorteil: eine laufende Uhr kann den Fokus auf die Aufgabe erhöhen, da sie die Lernzeit somit klar von der Freizeit abgrenzt.

Besonders zu empfehlen ist dieses Vorgehen für Personen, die gerne ihre eigene Leistungsfähigkeit spüren und sich gerne immer wieder selbst übertreffen wollen. Einzelne Lernzeiten lassen sich beispielsweise zu Wochenarbeitszeiten zusammenfassen, die dann wiederum verglichen werden können. Grundsätzlich hat die Zeiterfassung natürlich einen motivierenden Charakter, da Sie die erbrachte Leistung belegt.

Außerdem ist so im Zeitablauf erkennbar, ob es Leistungsschwankungen bezüglich der Lernmenge an bestimmten Tagen gibt. In jedem Fall eröffnet es den Blick auf die eigene Leistungsfähigkeit und den eigenen Zeitbedarf.

Schlussendlich handelt es sich auch beim Lernen wie beim Sport um eine Art von Training. Und gerade auch im Sportbereich ist es üblich, Zeiten zu dokumentieren – zur Motivation, sowie zum Erkennen von Planabweichungen und Leistungslücken.

Datum	Mathe	Biologie	Chemie	Deutsch
Mo, 11.10.2021	42	0	34	0
Di, 12.10.2021	15	0	29	0
Mi, 13.10.2021	16	0	0	0
Do, 14.10.2021	0	0	0	0
Fr, 15.10.2021	0	0	14	0
Sa, 16.10.2021	0	0	12	0
So, 17.10.2021	39	20	12	0
Mo, 18.10.2021	40	10	24	0
Di, 19.10.2021	43	25	48	0
Mi, 20.10.2021	41	40	0	0
Do, 21.10.2021	32	0	0	0
Fr, 22.10.2021	0	20	0	0
Sa, 23.10.2021	0	0	0	0
So, 24.10.2021	0	40	0	0
Mo, 25.10.2021	0	0	0	0
Di, 26.10.2021	0	0	30	0

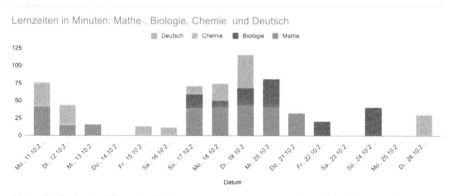

Abb. 2: Beispiel für die Erfassung von Lernzeiten (in Minuten)

2. Lerntaktik

2.1 Vorbereitungen

2.1.1 Einen Gesamtüberblick verschaffen

Um überhaupt die richtigen Inhalte zur richtigen Zeit zu lernen, muss natürlich zuerst einmal festgestellt werden, welcher der relevante Lernstoff für ein entsprechendes Ziel ist. Beim Sichten der Lernmaterialien sollte sich also gefragt werden: Was ist Test- oder Klausurrelevant? Welche Inhalte erachte ich selbst als notwendig oder möchte Sie aus eigenem Willen heraus erlernen? Gibt es zusätzliches Wissen, welches ich zum Bearbeiten von Prüfungsbestandteilen haben muss, ohne dass dieses explizit gefordert ist?

Je nach Umfang kann es sinnvoll sein, mit bereits bestehenden Skripten zu arbeiten oder sich eigene schriftliche Übersichten anzufertigen. Je größer die Menge von Lerninhalten, desto wichtiger ist es, diese noch einmal neu zu strukturieren. Welche prüfungsrelevanten Informationen liegen bereits vor? Kann vielleicht etwas weggelassen werden? Oder ist es sogar notwendig, noch etwas zu erarbeiten?

Die Variationen wie sich Lernstoff aufbereiten lässt, kennen dabei nahezu keine Grenzen. Im nachfolgenden Abschnitt werden einige Möglichkeiten vorgestellt.

Bei der Erstellung eines Gesamtüberblicks muss eine logische Lern-reihenfolge noch gar nicht festgelegt werden oder erkennbar sein. Natürlich ist dies aber möglich. Der Fokus liegt aber erst einmal auf der Auswahl und Sichtung des Stoffs, dies dafür aber so konkret wie möglich.

In der Praxis kann das heißen, sich entsprechende Abschnitte aus dem eigenen Hefter von Skripten, Aufzeichnungen oder Lehrbü-chern herauszusuchen. Hierbei kann nach den oben genannten Fra-gen vorgegangen werden. Erst wenn eine entsprechende Vorstel-lung bezüglich des Umfangs des Lernstoffs vorliegt, kann dieser aufgearbeitet, gekürzt oder ergänzt werden.

Die Planung der zukünftigen Lern- und Wiederholungseinheiten wird damit erleichtert.

Ein beispielhaftes Vorgehen: Für eine Biologie-Klassenarbeit zum Thema Zoologie benennt die Lehrkraft unter anderem Amphibien, Vögel, Säugetiere und Reptilien als prüfungsrelevant. Der erste Schritt, um sich nun einen Gesamtüberblick über den Lernstoff zu verschaffen ist es, die entscheidenden Teilbereiche aus den vorhandenen Materialien (z.B. Mitschriften im Hefter, Lehrbücher, etc.) zu ermitteln. Wurden in den vergangenen Unterrichtsstunden z.B. auch Weichtiere und Insekten genauer untersucht, können diese an dieser Stelle ignoriert werden. Im Zuge dessen könnte natürlich auch Ergänzungsbedarf bestehen, sollte ein prüfungsrelevanter Inhalt z.B. im Hefter fehlen. Noch einmal zur Erinnerung: erst im nächsten Schritt sollen diese Lerninhalte neu strukturiert werden (z.B. als Tabelle oder in Stichpunkten. Hier geht es vorerst nur darum, die relevanten Inhalte abzugrenzen und ihren Umfang sowie Ergänzungsbedarf zu bestimmen.

Natürlich kann sich auch hier je nach persönlicher Präferenz eine Verschriftlichung des Gesamtüberblicks anbieten.

Abb. 3: Gesamtüberblick des relevanten Stoffs einer fiktiven Biologieklausur

Ein weiteres beispielhaftes Vorgehen: eine Zwischenprüfung zum Thema Bilanzanalyse. Beim Sichten der Lernmaterialien wird im ersten Schritt klar, dass es eine erfolgswirtschaftliche und eine finanzwirtschaftliche Analyse gibt. Im nächsten Schritt kann untersucht werden, aus welchen Teilbereichen wiederum die finanzwirtschaftliche Analyse und die erfolgswirtschaftliche Analyse bestehen. Auf der Ebene dieser Teilbereiche finden sich nun die konkreten Analyseverfahren wieder. Wenn diese verschiedenen Ebenen in eine Übersicht eingetragen werden – können wie im Bild zu sehen – sogar die einzelnen zu lernenden Teilverfahren aufgeführt werden. Verschriftlicht ergibt sich so sogar eine gute Kontrollübersicht, wenn alle wichtigen Teilbereiche des Themas in der Prüfungsvorbereitung beachtet wurden.

Indirekt erhält man so bereits eine Übersicht über die Zusammenhänge der verschiedenen Verfahren, was ein nicht zu unterschätzender Mehrwert ist.

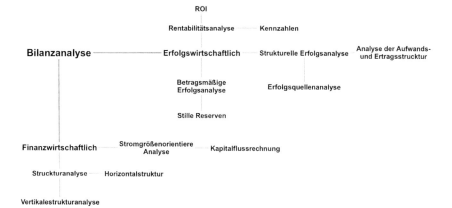

Abb. 4: Gesamtüberblick des relevanten Stoffs eines Teilbereichs der Bilanzanalyse

Auch wenn dieses Vorgehen einiges an Zeit kosten kann, wird es i.d.R. sinnvoll sein, diese zu investieren, da wir so die oben genannten Vorteile ausschöpfen.

Sich im ersten Schritt einen Gesamtüberblick über den Stoff zu verschaffen, bietet somit viele Vorteile. Neben der Überprüfung der Inhalte auf Vollständigkeit und Relevanz können auch Umstrukturierungsarbeiten begonnen werden. Gleichzeitig ist ein gesamtheitlicher Überblick bezüglich des Lernstoffs notwendig, für die bereits erläuterte langfristige Planung der tatsächlichen Lerneinheiten. Ein erster Überblick kann bereits aufzeigen, wie ein zukünftiges Wissensnetz strukturiert sein wird.

2.1.2 Aufarbeitung und Aufbereitung von Lernstoff

Bei der gehirngerechten Aufarbeitung von Lernstoff geht es im Kern darum, das gesamte Lernmaterial für die eigenen Lernschritte so anzupassen, dass lernen möglich wird. I.d.R. wird es für die meisten sehr schwer sein, mit einem Fließtext zu lernen, wenn es nicht nur um das Verstehen des Gesamtzusammenhangs, sondern auch um die Abspeicherung von konkreten Fakten geht.

> Wichtig ist: für jeden eignet sich eine andere Art der Aufbereitung. Das ist sehr davon abhängig, was die eigene Aufmerksamkeit anregt, was für das eigene Denken angenehm ist, ob wir Farben mögen, ob wir aus Tabellen oder Mindmaps lernen können, usw...

Die Aufbereitung erfolgt immer unter den folgenden Gesichtspunkten:

➤ Es soll möglichst leicht sein, die eigene Aufmerksamkeit auf die Materie zu lenken

➤ Es sollen möglichst viele Barrieren, im Lernmaterial abgebaut werden

➤ Basisinformationen sollten herausgearbeitet werden

➤ Irrelevante Informationen werden ausgelassen

➤ Die Informationsmenge wird auf (deutlich) kleinere Lernabschnitte verteilt, die klar abgegrenzt werden. So ergibt sich eine logische Lernreihenfolge, einzelne Lernziele und der Lernumfang können besser abgeschätzt werden

➤ Unübersichtliche Informationen werden übersichtlich gemacht und unter Umständen auch neu geordnet

Das Aufarbeiten kann dabei vom Markieren mit dem Textmarker bis hin zum Schreiben völlig neuer Skripte reichen – immer in Abhängigkeit von der Zeit, dem Lernmaterial und der Bedeutsamkeit der Prüfung.

Konkret kann das heißen:

➤ Texte können zusammengefasst werden: zu kürzeren Texten, zu Stichpunkten, zu Tabellen, zu Mindmaps.

➤ Basisinformationen können hervorgehoben werden: farblich markiert, fett geschrieben oder z.B. an wichtigen Stellen von Grafiken integriert werden

➤ Aussortieren und Abgrenzen von nicht relevanten/nicht priorisierten Informationen

➤ Fremd- und Fachwörter übersetzen und ihre Bedeutung (gesondert) erfassen

➤ Falls Definitionen für einen Begriff oder einen Sachverhalt nicht vorhanden sind und somit Verständnisprobleme bestehen, sollten diese Definitionen notiert und mitgelernt werden

➤ In vorhandenen Tabellen können Zusammenhänge markiert oder mit Pfeilen verdeutlicht werden.

➤ Aufzählungen können durchnummeriert werden (bei mehreren Aufzählungen im Wechsel: Zahlen, große Buchstaben, kleine Buchstaben)

➤ Komplexe Prozesse sollten nach Möglichkeit in einigen wenigen Worten zusammengefasst und vielleicht sogar visualisiert werden

Mindmaps, egal in welcher Form, eignen sich besonders gut, um komplexen Stoff zu strukturieren und zu visualisieren. Sie eignen sich somit sowohl zum ersten bewussten Kontakt mit neuem Stoff als auch direkt zum Lernen und Wiederholen.

Praxistipp: bei besonders großen Stoffgebieten, die im Verbund gelernt und auch im Verbund abgefragt werden, eignet sich eine Master-Mindmap, bestehend aus allen Themen und Unterthemen, als Lernübersicht. Dabei sollte nicht davor zurückgeschreckt werden, so detailreich wie möglich zu arbeiten und so viele Zusammenhänge wie möglich darzustellen.

Diese Art sich aktiv mit dem Stoff auseinanderzusetzen, ist ein sehr effektiver erster Lernschritt, der unter anderem bei der Strukturierung und Organisation hilft.

Wird ein komplizierter Prozess zusammengefasst und beschränken wir uns dabei auf so wenig Worte wie nur möglich, sind wir gezwungen, den Kern und die wichtigsten Informationen herauszuarbeiten. Beim Visualisieren von Prozessinformationen sollte aber unbedingt darauf geachtet werden, dass die Reihenfolge der Prozessschritte unbedingt erhalten bleibt und klar erkenntlich ist.

An Hochschulen wird regelmäßig mehr Aufwand bei der Aufbereitung der Lernmaterialien nötig sein als an allgemeinbildenden Schulen, da die erwartete Eigenleistung deutlich höher ist. In der Schule ist bereits viel so aufgearbeitet, dass es nur wenig zusätzlichen Einsatz braucht. Aber auch hier kann sich ein Gesamtüberblick als äußerst hilfreich und effizienzsteigernd erweisen.

Wichtig: auch bei der Aufbereitung ist wieder Probieren gefragt. Es wird einige Zeit dauern, einen persönlichen Stil zu entwickeln, bzw. die Methode der Stoffaufbereitung zu finden, die sich am besten für das eigene Lernen eignet. Der Vorteil ist, dass niemand die eigenen

Aufzeichnungen, Grafiken und Tabellen zu sehen braucht - von daher können wir alles probieren, was uns weiterhilft und dabei so kreativ sein wie wir wollen. Wichtig ist, dass es funktioniert, denn so sparen wir am Ende Zeit und können effizienter lernen.

2.2 Zeitpläne: Wie wir Lerneinheiten vorplanen können

Bei der Vorausplanung von Lernzeiten sollte bereits bedacht werden, dass unterschiedliche Lerntätigkeiten unterschiedlich starke Konzentration erfordern. Neue Theorie zu lernen wird i.d.R aufwendiger sein, als bereits abgespeichertes Wissen zu wiederholen. Ist der notwendige Konzentrationsgrad für die nächsten Lerneinheiten ausgemacht, kann festgestellt werden zu welchen Zeitpunkten, diese stattfinden sollten. Bin ich vielleicht abends aufnahmefähiger als morgens? Oder zeigt mir die Erfahrung, dass ich nach dem Fußballtraining nicht mehr genug Energie zum Lernen aufbringe? Dann sollte dies auch in die Vorausplanung der Lerneinheiten mit einbezogen werden.

An dieser Stelle ehrlich zu sich selbst zu sein, kann ineffizientes Lernen und Frust verhindern. Nur weil eine Lerneinheit sich in eine Zeitlücke einschieben lässt, sollte dies nicht unbedingt getan werden, wenn im Vorhinein bereits klar wird, dass die Aufnahmefähigkeit dort begrenzt sein könnte.

Lernen ist wie jedes andere Training auch. Am Anfang kann es sein, dass die Lerneinheiten mangels Ausdauer noch etwas kürzer sein sollten und mit der Zeit verlängert werden - ein Trainingseffekt.

Auch hier sollten die eigenen Fähigkeiten realistisch eingeschätzt werden. Es ist besser 30 Minuten intensiv zu lernen, als stur eine Lerneinheit über 90 Minuten zu planen und im Verlauf immer mehr mit Ablenkungen und Unkonzentriertheit zu kämpfen.

Ein Praxistipp: Keine Angst vor "krummen" Lernzeiten. Geht die eigene Aufnahmefähigkeit schon nach 27 Minuten spürbar zurück, sollte natürlich auch von einer vorher festgelegten "30er Marke" abgewichen werden. Es sollte jedoch auch immer kritisch hinterfragt werden, ob Lernen zu diesem Zeitpunkt wirklich nicht mehr möglich ist oder nur die eigene Lustlosigkeit und damit die Einstellung im Weg ist.

Selbst erfahrene Lernende müssen möglicherweise feststellen, dass der Einstieg in ein Thema immer am schwierigsten ist, da noch einige Anknüpfungspunkte und Basisinformationen fehlen. Beim Planen der Lerneinheiten z.B. für eine Klausur kann also durchaus so vorgegangen werden, dass die Lerneinheiten und Stoffmengen über mehrere Lernstunden oder Lerntage hinweg immer umfangreicher werden.

Bis zu diesem Punkt wurde lediglich vorgestellt, dass es innerhalb einer Zeitperiode feste Lernphasen gibt, die sogar mit Uhrzeiten festgelegt sein können und vielleicht auch in ihrer Länge variieren. Der Lernstoff wird dann auf die vorhandenen Zeitbudgets aufgeteilt.

Neben der zeitlichen Strukturierung von Lerneinheiten besteht aber auch die Möglichkeit, diese bezüglich ihres Inhaltes vorauszuplanen. Bei einer inhaltlichen Planung wird die Reihenfolge und das Vorgehen vorab direkt am Stoff geplant (sei es anhand einer logischen Lernreihenfolge oder einfach weil uns ein Thema mehr interessiert). Die entsprechend passende Anzahl und Menge an Zeitbudgets wird darauf aufbauend ermittelt und geplant.

In der Schule ist dies aufgrund der engen zeitlichen Vorgaben und festen Stundenpläne schwierig zu realisieren, da z.B. Tests und Hausaufgaben eng getaktet sind, muss hier meistens mit einem Zeitbudget agiert werden. Besteht die Möglichkeit über einen längeren Zeitraum zu planen, kann jedoch auch in der Schule inhaltlich strukturiert werden.

An der Universität hingegen kann eine inhaltliche Strukturierung der Lerneinheiten aufgrund der wesentlich freieren Zeitgestaltung angebracht sein. Denken wir z.B. zurück an den Gesamtüberblick zur Bilanzanalyse (Abb. 4), so bietet es sich hier vielleicht an, sich erst mit der Finanzwirtschaftlichen und danach mit der Erfolgswirtschaftlichen Sicht auseinander zu setzten.

Nachdem nun Lerneinheiten sowohl in langfristige Pläne eingeordnet als auch konkret zeitlich und inhaltlich vorbereitet wurden, können sich Gedanken zum tatsächlichen Ablauf einer einzelnen Lerneinheit gemacht werden.

Bevor eine solche Lerneinheit gestartet wird, ist es ratsam sich noch einmal zu vergegenwärtigen, was das Lernziel einer Einheit ist (z.B. anhand des Lernplans). An dieser Stelle kann es natürlich vorkommen, dass es auch mal schwierig ist, sich für ein anstehendes Lernthema zu motivieren. Auch hier ist wieder Mut zur Flexibilisierung sinnvoll.

Lassen es die zeitlichen und inhaltlichen Rahmenbedingungen zu, kann es das bessere Vorgehen sein, etwas zu lernen, das mich im Augenblick mehr interessiert. Dies ist kein Aufschieben im klassischen Sinne.

Denken wir an unsere Biologie Klassenarbeit zurück: Wenn plötzlich ein größeres Interesse aufkommt, etwas über Reptilien zu lernen, obwohl für die folgende Lerneinheit Säugetiere geplant war, sollte hier umstrukturiert werden. Zum einen besteht in diesem Beispiel schon die notwendige Offenheit dem Thema "Reptilien" gegenüber. Zum anderen wird das Wissensnetz des Gesamtthemas Biologie erweitert, was den Einstieg – in das in diesem Fall unbeliebte Thema "Säugetiere – erleichtern kann.

Ist das endgültige Ziel der Lerneinheit festgelegt zeigt die Erfahrung, dass es sinnvoll sein kann, sich auch zum Lernen einige Minuten "Warm Zu machen". Dies kann z.B. durch Wiederholung des Stoffs vom Vortag geschehen oder durch die Beschäftigung mit thematisch passenden Inhalten. Sich Fragen zum Ziel der Lerneinheit zu stellen oder auch allgemeine Denksportaufgaben zu lösen, können bewährte Mittel sein, um die Konzentration zu steigern und sich den Lerninhalten gegenüber zu öffnen. Besonders auf den Aspekt der Wiederholung wird im folgenden Kapitel aber noch einmal genauer eingegangen.

Wie genau nun der Wissenserwerb – das eigentliche Lernen – ablaufen sollte, wird im gesamten operativen Teil erörtert. An dieser Stelle sei schon einmal erwähnt, dass es hier möglich sein kann, von der Theorie in die Praxis überzugehen oder eben umgekehrt. Je nachdem, ob sich ein Themengebiet als besonders anwendungs- oder theorielastig herausstellt.

Nach Beendigung der Lerneinheit sollte eine kurze Pause zum "Abspeichern" des Wissens erfolgen. Dies kann durch Tätigkeiten erreicht werden, die lediglich unsere sensorischen Speicher (und unser Kurzzeitgedächtnis) belasten (wie z.B. Abwaschen). Alle Einflüsse, die neues Wissen mit sich bringen, dass sich gemerkt werden könnte, führen unter Umständen zur Verdrängung oder Verunreinigung des Gelernten. Die Erfahrung zeigt, dass ein Abstand zu digitalen Medien in den Minuten nach dem Lernen sinnvoll sein kann.

Wie sind Lerneinheiten aber zu planen, wenn mehrere Stoffgebiete parallel zu lernen sind? Hierfür lassen sich zwei Varianten ausmachen:

➤ Die Themenblöcke werden nacheinander gelernt. Es ist leichter Anschluss zu finden, da nicht immer wieder von einem Thema zum nächsten "gesprungen" wird. Weiterhin besteht weniger Gefahr, Inhalte zu vermischen und falsch zu verknüpfen. Natürlich müssen hierfür die zeitlichen Ressourcen vorhanden sein. Es ist auch wichtig, Wiederholungsphasen einzuplanen, um den ersten "Lernblock" nicht komplett zu verdrängen, während sich einem neuen Thema zugewandt wird. Das bereits Gelernte wird "warmgehalten".

➤ Die Themenblöcke können durcheinander gelernt werden. Auf eine Lerneinheit zum ersten Thema folgt eine mit Bezug auf Thema "Zwei". Hierbei werden beide Themen präsent gehalten. Bestehen Verbindungen zwischen den Themen, lassen sich so vielleicht auch Zusammenhänge leichter hersteller. Gefahren sind hier aber die möglichen Wechselschwierigkeiten zwischen den verschiedenen Themen oder fehlende Abgrenzung bei unterschiedlichen Inhalten.

Abschließend kann somit festgehalten werden: Bei der Planung von Lerneinheiten sollte ehrlich mit den eigenen Stärken und Schwächen sowie persönlichen Präferenzen umgegangen werden. Auch können Gedanken über inhaltliche und zeitliche Strukturierung von Vorteil sein.

Zu Beginn der Lerneinheit ist es sinnvoll sich "aufzuwärmen", bevor das eigentliche Lernen erfolgt. Mit einer Pause zum Abspeichern wird die Einheit geschlossen. Für alle Phasen bestehen verschiedenste Varianten. Es bedarf natürlich etwas Zeit und Interesse am Ausprobieren, um die für einen persönlich passende Vorgehensweise zu erkennen.

2.3 Wie und warum wir wiederholen

Wenn es darum geht, den Sinn von Wiederholungen zu verstehen, könnte das folgende Bild helfen. Stellen wir uns für einen Moment vor, unser Gedächtnis besteht aus einem riesigen Schubladenschrank mit unterschiedlich großen Schubladen. Diese Schubladen sind thematisch aufgeteilt und in ihnen befindet sich unser gesamtes Wissen. Um nun zu verhindern, dass diese Schubladen rosten oder zu klemmen anfangen, müssen wir sie regelmäßig öffnen. Beim Wiederholen von gelerntem Stoff, öffnen wir also jedes Mal die Schubladen und sichern uns so einen einfachen Zugang.

Die Sinnhaftigkeit der Wiederholung zum Wissenserhalt ergibt sich auch aus der erarbeiteten Theorie. Denn die Informationen im Langzeitspeicher – unsere Wissensnetze – werden einem ständigen Kontrollprozess unterzogen. Damit diese weiterhin als relevant klassifiziert werden, bedarf es also häufiger Anwendung oder eben Wiederholung.

Themen, die gelernt werden, unterscheiden sich in ihrer Komplexität, ihrem Inhalt, ob sie uns interessieren und ob wir sie unbewusst anwenden oder über sie nachdenken. Daraus sollten sich auch verschiedene Wiederholungsarten- und rhythmen ergeben. Beispielsweise müssen anwendungslastige und reflektierte Themen weniger häufig und in geringerem Umfang aktiv wiederholt werden, da die Anwendung und das Durchdenken selbst zum Erhalt des Wissens beitragen. Um komplexe, theoretische Wissensnetze langfristig zu verankern, bedarf es anfangs hingegen wohl häufigerer Wiederholung.

Wichtig ist es zu verstehen, dass Übungen (z.B. bei mathematischen Anwendungen) natürlich auch schon eine Form der Wiederholung darstellen. Häufig wird die Anwendung von Erlerntem sogar für eine bessere Speicherung und Verknüpfung sorgen als das reine Rekapitulieren.

Wie sollten wir nun den Zeitablauf von Wiederholungen konkret gestalten? Es ist optimal, neu Erlerntes in kurzen Zeitabständen zu wiederholen. Mit der Zeit können nicht nur die Abstände zwischen den Wiederholungen wachsen, sondern auch der Umfang der Wiederholung verringert werden. Beispielsweise müssen dann nur noch die Basisinformationen aktiv wiederholt werden. Das Wissen muss lediglich noch "warmgehalten" werden.

Sinnvoll kann es weiterhin sein, eine zum Verfestigen des Inhalts notwendige Wiederholung an den Anfang einer Lerneinheit zu setzen. Hierbei kommt der bereits erläuterte Aspekt des "Warmmachens" vor einer Lerneinheit hinzu. Das folgende Beispiel soll eine mögliche Strukturierung von Wiederholungseinheiten über einen

Zeitraum zeigen, am Beispiel unserer hypothetischen Biologie-Klassenarbeit.

Montag

Aufwärmen: Allgemeine Denksportaufgaben

Lernen: Amphibien Teil 1

Dienstag

Aufwärmen: Wiederholung Amphibien Teil 1

Lernen: Amphibien Teil 2

Mittwoch:

Aufwärmen: Wiederholung Amphibien Teil 1 & 2

Lernen: Reptilien

Donnerstag:

Aufwärmen: Wiederholung Amphibien Teil 2, Reptilien

Lernen: Säugetiere

Freitag:

Aufwärmen: Wiederholung Amphibien Teil 1 & 2, Reptilien,
Säugetiere

Lernen: Unsicherheiten verfestigen

Das Beispiel zeigt einen möglichen Wochenplan, um sich auf die Klausur zum Thema Zoologie vorzubereiten. Zu Beginn der Woche wird als Einstieg, mangels wiederholbaren Stoffes, eine neutrale Aufwärmphase gewählt. Danach erlerntes Wissen zum Thema "Amphibien Teil 1" wird als Einstieg am Dienstag wiederholt. Sollten dabei schon gewisse Informationen vergessen worden sein, werden diese noch einmal ins Wissensnetz eingebaut, bevor sich dem Thema "Amphibien Teil 2" zugewandt wird. Am Folgetag wird sich die Wiederholungsphase verlängern, da beide bereits durchgeführten Lerneinheiten wiederholt werden. Am Donnerstag könnte nun der bereits zweimal wiederholte Themenbereich "Amphibien Teil 1" aus der Aufwärmphase gestrichen werden, bevor am Freitag eine Gesamtwiederholung mit anschließender Festigung folgen kann.

An dieser Stelle muss jedoch wieder das individuell beste Vorgehen ausgemacht werden. Unter Umständen sind auch noch mehr detaillierte Wiederholungen notwendig, um den Stoff leicht abrufbar zu machen, vielleicht aber auch weniger. Dies variiert nicht nur zwischen verschiedenen Personen, sondern ist selbstverständlich auch von der Komplexität der Inhalte abhängig. Mut zum Ausprobieren und Flexibilisieren ist gefragt. Es gilt aber grundsätzlich: Lieber einmal mehr wiederholen als einmal zu wenig. Je leichter die Assoziationen zu den erlernten Inhalten abrufbar sind, desto schneller werden wir ohnehin durch die Wiederholung "fliegen". Inhalte, die schon häufig wiederholt wurden, werden also wahrscheinlich mit der Zeit im Schnelldurchlauf betrachtet werden können.

Anfangs mögen diese Wiederholungseinheiten unnötig zeitaufwendig wirken, immerhin könnte in dieser Zeit ja bereits das nächste Thema gelernt werden. Langfristig wird durch eine Wiederholungsphase kurz nach dem Erlernen (an den Folgetagen) Zeit gespart. Denn wenn diese Inhalte über die Zeit hinweg nicht sicher abgespeichert werden, wird sich zu einem späteren Zeitpunkt herausstellen, dass nicht sonderlich viel Wissen sinnvoll ins Wissensnetz eingebaut ist. Es müsste eine größere Menge nochmal gelernt werden, unter großem Zeitaufwand und vor allem noch größerer Frustration!

Zur Vollendung des oben aufgeführten Beispiels: soll dieses Wissen langfristig präsent gehalten werden, ist es sinnvoll, auch in den nächsten Wochen die gesamten Inhalte immer mal wieder zu wiederholen (z.B. jeden Freitag). Mit der Zeit wird dieses Wissen so tief verankert sein, dass die Abstände sogar auf monatlich (oder noch weiter) ausgeweitet werden können oder nur noch Basisinformationen wiederholt werden müssen.

Neben kurz- und langfristiger Wiederholung sollte diese auch schon auf kleinster Ebene, der einzelnen Lerneinheit, stattfinden. Wird z.B. der aufbereitete Stoff zum Thema "Reptilien" in Form einer Liste mit Stichpunkten von Anfang bis Ende gelernt, lohnt es sich diesen vor Beendigung der Lerneinheit noch einmal zusammenhängend und gesamtheitlich zu wiederholen. Auch hier spielt wieder

der Zeitaspekt eine Rolle. Zwar wird die Lerneinheit damit kurzfristig um wenige Minuten verlängert, langfristig wird jedoch schon in den Wiederholungen am Folgetag Zeit eingespart.

Beim Wiederholen werden Schwachstellen des eigenen Wissens direkt aufgezeigt. Wiederholung am Ende der Lerneinheit hat folglich eine Feedbackfunktion.

Zusammengefasst lässt sich festhalten, dass Wiederholung notwendig ist, um das Gelernte präsent zu halten und zu festigen. Über längerfristige Zeiträume werden Wiederholungen bereits bei unregelmäßiger Durchführung und mit weniger inhaltlichem Umfang auch ihren Zweck erfüllen.

Für eine einzelne Lerneinheit kann Wiederholung als Aufwärmung dienen sowie den erlernten Stoff am Ende im Zusammenhang darstellen.

Auch wenn Wiederholungsphasen einen Zeitaufwand mit sich bringen, sparen sie auf lange Sicht sogar Zeit. Informationen werden durch Wiederholung immer verknüpfter, folglich leichter abrufbar und müssen somit nicht "neu" erlernt werden.

2.4 Umgang mit körperlichen Ressourcen: Essen, Trinken, Schlafen

Die Relevanz von Erholung durch Schlaf sowie durch richtige Ernährung, die notwendige Energie aufzubringen, wird den Meisten zumindest aus dem Sport bekannt sein. Aber auch für das Lernen ist die eigene körperliche Verfassung natürlich von großer Bedeutung. Bereits angesprochen wurde die Notwendigkeit, zu vernünftig ausgewählten Zeitpunkten zu lernen und dabei realistisch die eigene Aufnahmefähigkeit zu bewerten. Diese kann z.B. zu unterschiedlichen Tageszeiten variieren oder durch andere Tätigkeiten beeinflusst werden. Beispielsweise kann nach einem langen Schul- oder Arbeitstag erst eine Erholungsphase notwendig sein, um sich wieder auf einen Lernprozess fokussieren zu können.

Ebenfalls erörtert wurde die Wichtigkeit von Phasen, in denen das Gelernte frei von neuen Eindrücken abgespeichert wird.

Allgemein soll im Zuge dessen noch einmal ein Bewusstsein geschaffen werden, wie wichtig Essen, Trinken und Schlaf für die Aufnahmefähigkeit sind. Vergleichen wir den Lernenden mit einer Maschine: um zu funktionieren, müssen beide ausreichend Energie zur Verfügung gestellt bekommen. Wie bei einem Auto, was getankt werden muss, um losfahren zu können.

Und bei Bedarf muss der Kraftstoff auch wieder aufgefüllt werden.

Vor dem Start einer Lerneinheit sollte im Idealfall darauf geachtet werden, die notwendige Energiezufuhr durch Essen und Trinken zu erlangen sowie erholt durch den notwendigen Schlaf (oder eine kurze Ruhephase) zu sein. Konkret könnte das heißen, sich nach der Arbeit oder Schule für einige Minuten hinzulegen, bevor mit dem Lernen gestartet wird.

Ein Praxistipp: Es kann sinnvoll sein, zwischen Lerneinheiten immer wieder Pausen zum Essen und Trinken einzulegen. Dies erfüllt nicht nur den Effekt des "Nachtankens", sondern stellt sogleich eine zum Verarbeiten des Gelernten notwendige Ruhephase ohne neue Lerneinflüsse dar.

Die generelle Bedeutung von Ernährung und Schlaf mag offensichtlich wirken und vielen bereits bekannt sein. Dennoch soll an dieser Stelle nochmal ein Bewusstsein dafür geschaffen werden, diese Bedürfnisse nach Erholung und Energie auch zu erfüllen. Nicht selten kommt es vor, dass innerhalb eines stressigen Schul- oder Arbeitstages oder in einem mit mehreren Lerneinheiten vollgepackten Zeitraum, Pausen zum Essen, Trinken und sogar Schlafen vergessen oder bewusst ausgelassen werden. Dies ist kontraproduktiv aufgrund mangelnder Aufnahmefähigkeit. Daher kann es durchaus zielführend sein, Zeit für Pausen zum Essen und Trinken bewusst in den eigenen Zeitplan einzubauen und diese vielleicht sogar vorzubereiten.

2.5 Kluge Lerntaktiken

Letztlich geht es bei all unseren Lernstrategien und -taktiken um zwei Dinge:

1. Wir wollen Informationen so lernen, dass wir sie später wieder abrufen können. Insbesondere dann, wenn wir sie auch wirklich brauchen.
2. Wir haben für diese Informationsaufnahme beschränkte Energie- und Zeitressourcen.

Wollen wir Informationen nachhaltig lernen, müssen wir so viel Energie und Zeit aufwenden wie nötig. Allerdings kann der Aspekt der Nachhaltigkeit im Schul- oder Hochschulalltag gelegentlich vernachlässigt werden. Es wird Themengebiete geben, die wir nur für eine Prüfung lernen und bei denen das erlernte Wissen in dieser Form nie wieder Anwendung findet. Wie sollten wir mit solchen Stoffgebieten umgehen?

Auch beim Lernen gilt folgendes Prinzip: die "80/20 - Regel" oder anders - das "Pareto Prinzip". Diese Regel besagt, dass 80% des Ergebnisses mit 20% des (insgesamten) Aufwands erreicht werden können. Im Umkehrschluss ist für die Erreichung des restlichen Ergebnisses ein erheblich höherer Aufwand nötig, der aber in Relation einen deutlich geringeren Ergebnisbeitrag leistet. Erfahrungsgemäß lässt sich diese Regel auch auf das Lernen von größeren Stoffmengen beziehen. Nicht zwangsläufig mit einer Verteilung 80 zu 20, aber das Grundprinzip gilt trotzdem.

Wichtig ist, dass wir klug mit den zur Verfügung stehenden Ressourcen umgehen. Dafür sollten wir uns beim Lernen gelegentlich die Frage stellen, welches Ziel wir verfolgen. Ist Perfektion das Ziel, also z.B. eine sehr gute Note? Dann ist selbstverständlich, dass wir auch 100% des Gesamtaufwandes tatsächlich betreiben müssen. Ist Perfektion nicht das Ziel, kann es eine berechtigte Strategie sein, sich auf das Erreichen einer annehmbaren Leistung zu konzentrieren. In Relation ist dafür ein deutlich geringerer Ressourcenaufwand erforderlich.

In der Praxis kann das bedeuten, sich z.B. in der Mathematik (innerhalb eines Themengebietes) intensiv mit den Grundprinzipien und grundlegenden Operationen auseinanderzusetzen – die Spezialfälle aber zu ignorieren (auch wenn wir wissen das mindestens ein Spezialfall geprüft wird). Das Ergebnis wäre: wir nehmen eine schlechtere Note in Kauf, beherrschen aber die Grundlage für weiterführenden Stoff und haben Ressourcen frei für andere Lerngebiete oder auch Freizeit. Dies ist eine taktische Entscheidung, die eben darin begründet liegt, dass für Bestleistungen oftmals ein (manchmal unverhältnismäßig) hoher Aufwand betrieben werden muss. Ein solches Denken hat auch nicht zwingend etwas mit Faulheit zu tun, sondern kann einen klugen Umgang mit den zeitlichen Ressourcen darstellen.

Natürlich müssen hier immer die Ziele abgewogen werden – wenn Noten eine tatsächliche Relevanz haben, sollte das Pareto-Prinzip, wenn überhaupt, nur am Rande berücksichtigt werden. In jedem Fall aber, wenn die Energie- und Zeitressourcen wirklich knapp werden.

3. Operativ

3.1 Tatsächlich lernen

An diesem Punkt wurden alle strategischen und taktischen Elemente des Lernens, die wir als wichtig erachten, erläutert. Lerninhalte sollten nun auf ihre Relevanz geprüft und in unterschiedlichsten Varianten strukturiert, vor- und aufbereitet werden können. Gleichzeitig können diese nun zu Lerneinheiten strukturiert und in verschiedene Zeitpläne eingeordnet werden.

Hauptbestandteil der Lerneinheiten ist aber der operative Lernprozess – die aufbereiteten Informationen aus der Mindmap, vom Stichpunktzettel oder aus der Tabelle "in den Kopf zu bekommen".

Hierbei ist ein **bewusstes Vorgehen** wichtig. Eben nicht einfach den Lernzettel oder das Buch anzustarren oder planlos die Informationen kreuz und quer zu lesen, in der Hoffnung diese würden so schon irgendwie abgespeichert werden. Die richtige Einstellung und Zielsetzung ist von Bedeutung: **Ich möchte mir dieses Wissen hier und jetzt aneignen und setze dafür ein geplantes Vorgehen um!**

Die Nachfolgenden Kapitel dieses Buchs sollen Hilfestellung bieten, wie dieser "tatsächliche" Lernvorgang aussehen kann.

3.2 Der innere Lerndialog

Was bedeutet der Begriff des Lerndialogs? Im Prinzip stellt dieser nichts anderes dar als einen Prozess des aktiven Wahrnehmens und Denkens. Eben das, was wir als tatsächlichen Lernprozess auffassen.

Um eine Vorstellung davon zu erhalten, wie ein solcher aktiver Denkprozess aussehen kann, muss zuerst realisiert, werden wie unser Denken im Alltag stattfindet. Auch wenn es uns vielleicht seltsam vorkommt, sich das zu vergegenwärtigen: unser alltägliches Denken stellt eine Form von innerem Selbstgespräch dar. Gedanken formulieren wir in unserem Kopf aus, manchmal mehr und manchmal weniger. Natürlich in wesentlich höherer Geschwindigkeit als wir es beim lauten Sprechen leisten können und selbstverständlich überlagern wir zum Teil verschiedenen Gedankengänge. Unser Gehirn ist – was das betrifft – sehr leistungsfähig. Selbst beim Lesen dieses Buches werden die Meisten wahrscheinlich die gelesenen Wörter in Gedanken ausformulieren und sie mitsprechen. In unserem Kopf ist es dadurch eigentlich niemals wirklich ruhig.

> **Um das aktive Lernen effizient zu gestalten, gilt es nun, dieses innere Selbstgespräch, – den Lerndialog – zu optimieren und auf die Lerninhalte zu fokussieren.**

Auch an dieser Stelle soll wieder betont werden, dass es nicht den einen Lerndialog gibt. Jeder hat vollkommen unterschiedliche Denkmuster. Wie der individuelle Lerndialog sowie das sonstige Denken ablaufen, ist einzigartig. Dieses "laute" Denken im Kopf zu realisieren, ist an dieser Stelle essentiell, um zu verstehen, was es mit dem inneren Lerndialog auf sich hat. Daher kann es sinnvoll sein, vor dem Weiterlesen einmal die Gedanken schweifen zu lassen, um bewusst festzustellen, wie du ganz persönlich denkst und formulierst. Beispielsweise könntest du dir selbst in Gedanken deinen Weg zur (Berufs-)Schule, Universität oder Arbeit erklären.

Neben den verschiedenen Vorbereitungs- und Strukturierungsbereichen, welche bis hierhin schon besprochen wurden, ist der innere Lerndialog also der letzte und gleichzeitig auch schwierigste notwendige Schritt, die Inhalte des Skripts, der Stichpunkte oder der Tabelle zu verinnerlichen. Diese Inhalte eben zu lernen, durch nichts anderes als einen aktiven Denkprozess, in welchem wir uns mit den Lerninhalten beschäftigen. Hierbei ist es wichtig, den Gedanken zum Lernstoff mehr Raum zu geben, als es beim Denken im

Alltag üblich ist. Es sollte darauf geachtet werden, sich beim Lernen die Zeit zu nehmen, Gedankengänge klar zu strukturieren und von anderen abzugrenzen. Fakten und Zusammenhänge, die erlernt werden, sollten eben bewusst durchdacht und erfasst, also tatsächlich im Kopf ausformuliert werden. Sollte dies z.B. am Anfang noch schwerfallen, kann es durchaus zielführend sein, die eigenen Gedanken zu verschriftlichen, um sich so zum langsameren und weniger sprunghaftem Denken zu zwingen. Das gesamte bewusste Denken muss beim Lernen auf die Lerninhalte ausgerichtet sein.

Was sind nun mögliche Techniken, um Informationen bewusst zu erfassen? Wie kann beim Denken die Aufmerksamkeit auf bestimmte Inhalte gelenkt werden, um diese einzuordnen? Oder kurz gesagt: Wie kann das tatsächliche Lernen von statten gehen?

➢ Lernen durch mehrfache Wiederholung

Hierbei wird der zu lernende Inhalt mehrmals in Gedanken ausformuliert. Dies soll die notwendige Aufmerksamkeit erzeugen, vorausgesetzt natürlich der Prozess findet aktiv und bewusst statt. Bezogen auf unsere fiktive Biologieklausur könnte das heißen, den folgenden Satz als Einstieg mehrmals bewusst in Gedanken auszuformulieren.

Beispiel: "Reptilien sind in der Biologie eine Tiergruppe in der Zoologie". Oder auch nur die entscheidenden Stichworte "Reptilien, Biologie, Zoologie" im Zusammenhang vergegenwärtigen.

Ein Praxistipp: Nach jedem bewussten Denken des Satzes kann einige Sekunden zum Verarbeiten innegehalten werden.

➤ Lernen durch Umformulieren

Es werden verschiedene sprachliche Varianten einer Information geschaffen, der Inhalt wird also mehrmals ausformuliert und somit wird bewusst darüber nachgedacht, aber in unterschiedlichen Versionen. Dadurch können weitere Assoziationen zur Verfügung stehen und das Abrufen erleichtern. Ein weiterer Vorteil: wer in der Lage ist einen Fakt sinnvoll umzuformulieren, hat ihn i.d.R. auch verstanden.

Beispiel:

„Reptilien sind in der Biologie eine Tiergruppe in der Zoologie".

„Eine Tiergruppe der Zoologie stellen die Reptilien dar".

➢ **Lernen durch Umstrukturieren**

Auch hier werden verschiedene Assoziationen geschaffen, allerdings nicht durch bloßes Umformulieren. Die Inhalte werden in ihrer Anordnung umstrukturiert. Manchmal kann es aus unterschiedlichsten Gründen auch vorkommen, dass es uns leichter fällt, eine andere Reihenfolge der Inhalte zu lernen. (An dieser Stelle sollte natürlich geprüft werden, ob für den Lerninhalt eine Veränderung der Reihenfolge überhaupt zulässig ist.)

Beispiel: Es soll eine Liste von vier Zahlen mit jeweils zwei Ziffern gelernt werden, wobei die Reihenfolge der Zahlen keine Rolle spielt. Daher kann die Liste mehrmals umgeformt werden, um diese bewusst zu betrachten.

33, 12, 14, 67 → 12, 67, 14, 33

➢ **Lernen durch das Nachvollziehen von Abläufen**

Diese Variante eignet sich besonders für Prozesse. Aufgrund einer festen Abfolge von Aktionen oder Ereignissen kann hier eben nicht umstrukturiert werden. Um die einzelnen Teilbereiche eines Prozesses zu erfassen, eignen sich wiederum die zuvor vorgestellten Möglichkeiten. Der Prozess sollte aber eben noch einmal als Ganzes bewusst (in allen wesentlichen Teilschritten) wahrgenommen und ausformuliert werden.

Beispiel: Jeder Ablauf oder Prozess, in welchem sich Arbeitsschritte gegenseitig beeinflussen – so z.B. ein Rezept, ein Experiment, etc.

➤ **Lernen durch Fragen**

Im inneren Lerndialog können sich selbst aktiv Fragen gestellt werden, um bewusst festzustellen, wie sich ein Sachverhalt tatsächlich verhält. Das "Frage-Antwort" Vorgehen lenkt das eigene Denken zielgerichtet auf den Zusammenhang und zwingt uns, in unseren Wissensnetzen eine Antwort einzubauen.

Beispiel: "Welchem Forschungsgebiet der Biologie werden die Reptilien zugeordnet?"

➤ **Lernen durch Vergegenwärtigung von Alternativen**

Eine vorliegende Information und ihre Auswirkungen sollen erlernt werden. Nun kann es sich anbieten, im inneren Lerndialog ganz bewusst Alternativen zu erörtern, um die Bedeutung eines tatsächlichen Zusammenhangs zu begreifen.

> Beispiel: Was wäre, wenn der Mensch niemals die alkoholische Gärung entdeckt hätte?

> Beispiel: Die deutsche Wiedervereinigung 1989 war zum großen Teil durch die Politik des russischen Generalsekretärs Gorbatschow möglich. Wäre eine Wiedervereinigung auch ohne dessen offene Politik des Umbaus möglich gewesen?

➤ **Lernen durch das verinnerlichen der visuellen Lage**

Bei diesem Vorgehen wird versucht, sich nicht nur eine Information selbst einzuprägen (z.B. durch mehrfache Wiederholung), sondern zusammenhängend wird auch ihre Position in einer Tabelle, Mindmap oder auf dem Stichpunktzettel erfasst. Es wird eine "geistige Fotografie" erstellt. Sollen Informationen abgerufen werden, ist es für den Lernenden möglich, ein Bild der Inhalte vor dem inneren Auge zu erschaffen.

Dies soll nur eine Auswahl an Möglichkeiten darstellen, wie das tatsächliche Lernen ablaufen kann. In verschiedenen Varianten werden Informationen im inneren Selbstgespräch bewusster als sonst wahrgenommen. Vorgehensweisen lassen sich hierbei natürlich auch kombinieren. An dieser Stelle soll noch einmal betont werden, dass Lernen ein individueller Prozess ist. Es ist wahrscheinlich, dass nicht alle vorgestellten Varianten für jede Person zielführend sind. Einige sind aufgrund der eigenen Denkmuster vielleicht sogar kontraproduktiv. Auch hier sollte anfangs wieder verschiedenes ausprobiert und auch eigene Vorgehensweisen entwickelt werden.

Was sind nun Lösungsansätze, falls beim Anwenden der oben genannten Lernstrategien Probleme auftreten?

Manchmal kann es vorkommen, dass trotz intensiven Durchdenkens von Inhalten, diese für uns nicht lernbar sind. Zuerst sollten sich dann Gedanken darüber gemacht werden, ob überhaupt die notwendige Aufnahmefähigkeit gegeben ist oder uns in diesem Moment vielleicht Schlafmangel oder Hunger ablenken. Weiterhin sollten natürlich auch immer neue Varianten angewandt werden, wenn sich Informationen nicht im ersten Versuch erlernen lassen. Sollte dies ebenfalls nicht dazu führen, dass wir uns einen Lerninhalt verinnerlichen, kann es sinnvoll sein, diesen vorerst einfach zu überspringen. Es werden andere Informationen und Zusammenhänge des Themengebiets erlernt, um somit das Wissensnetz zu vergrößern.

Die "schwer" zu erlernende Information lässt sich dann leichter einordnen. Wir erinnern uns: es ist leichter etwas dazuzulernen, wenn schon Wissen zu einem Themengebiet vorliegt.

Ein Beispiel hierfür kann der Umgang mit Fachbegriffen sein. Können wir uns z.B. den Begriff "Asymptote" einfach nicht merken, kann es sinnvoll sein, diesen vorerst zu ignorieren. Wenn erst einmal erlernt ist, was eine Asymptote ausmacht, (deren Eigenschaften, Auftreten, usw.), wird es leichter sein, den Fachbegriff ebenfalls zu erlernen. Gerade auch bei komplexeren Themen lassen sich schwere Fachbegriffe und Fremdwörter nachhaltiger lernen, wenn wir auch wissen, was sie tatsächlich bedeuten.

Was ist aber, wenn eine Information zum Weiterlernen essentiell ist? Beispielsweise eine Basisinformation, die relevant für die betrachteten Nebeninformationen ist?

In diesem Fall sollte versucht werden, noch einmal das Bewusstsein für den Lerninhalt zu steigern – z.B. durch das Formulieren von "Eselsbrücken". Weiterhin können auch zusätzliche Zusammenhänge bezüglich der entscheidenden Information betrachtet werden. Manchmal kann es auch helfen die Priorität der Information zu erhöhen, sich selbst noch einmal klarzumachen: "Ich muss diese Information jetzt wirklich lernen!". Durch die erhöhte Priorität kann es sein, dass wir uns die Information dann doch einprägen. Aber auch ausgefallene Varianten können funktionieren, z.B. einen Fakt aktiv mit einem Gegenstand im Zimmer, dem Ort an welchem gelernt wird oder mit Musik zu verknüpfen. Wir nehmen uns bewusst vor, sobald wir z.B. den ausgewählten Gegenstand sehen, an die verknüpfte Information zu denken.

Der innere Lerndialog hebt sich also vom alltäglichen Denken ab, durch das bewusste und zielorientiert Vorgehen. Um dies zu erreichen, kann es anfangs helfen, den Lerndialog zumindest teilweise zu verschriftlichen oder tatsächlich laut auszusprechen.

Denn zu leicht kann beim Denken in alte Muster zurückgefallen werden. Gedanken schweifen ab, mehrere Gedankengänge werden überlagert oder andere Gedanken im Hintergrund behandelt. Die Leistungsfähigkeit unseres Gehirns wird uns hier teilweise zum Feind.

Beim Schreiben oder auch Sprechen zwingen wir uns aufgrund unserer motorischen Beschränkungen (im Vergleich zur Leistungsfähigkeit unseres Gehirns) das **Tempo** zu **drosseln,** wieder **aktiv zu Denken** und **bewusst zu formulieren** und zu erfassen was wir lernen wollen.

Wir denken permanent und nehmen täglich unzählige Informationen wahr. Die Kunst des inneren Lerndialogs ist es, die "gesprochenen" Gedanken auf den Lerninhalt zu fokussieren und zu lenken. Das Denktempo wird runtergefahren, wir denken bewusst. Hierfür wurden verschiedene Varianten vorgestellt, aber natürlich sind weitere Vorgehensweisen möglich. Entscheidend ist es, bewusst über die zu lernenden Inhalte nachzudenken, das "Abspeichern" erfolgt dann von ganz allein. Das ist alles was es zum Lernen braucht!

3.3 Der praktische Lernablauf beim Umgang mit dem aufbereiteten Lernmaterial

Der bereits beschriebene Lerndialog ist Grundlage für all unsere Lernprozesse. Egal ob es das Lernen mit Stichpunkten, Tabellen und Listen, Mindmaps, Aufzählungen, Fließtexten oder Grafiken ist. Unser aufbereitetes Lernmaterial wird meist eine Ansammlung verschiedener dieser Elemente sein. Bevor die einzelnen Elemente erläutert werden, soll an dieser Stelle das Vorgehen mit dem Lernmaterial als Ganzes erörtert werden.

Betrachten wir wieder einmal unsere fiktive Biologieklausur. Anhand der besuchten Unterrichtsstunden und unserer Aufzeichnungen ergibt sich ein Lernzettel/Lernskript für unsere nächste Lerneinheit mit folgendem Inhalt:

➤ eine ausformulierte Definition des Reptilien Begriffs

➤ eine Grafik, die das Vorkommen von Reptilien darstellt (z.B. eine unterschiedlich
gefärbte Weltkarte)

➤ eine Tabelle mit den allgemeinen Eigenschaften von Reptilien

➤ eine Aufzählung prüfungsrelevanter Vertreter der Reptilien

> ➤ eine Stichpunktliste mit Besonderheiten dieser Vertreter

Wie mit Hilfe des inneren Lerndialogs und weiteren Hilfsmitteln, die einzelnen Elemente unseres Lernzettels verinnerlicht werden können, wird in den nächsten Kapiteln erläutert. Wie können jedoch die Elemente nacheinander innerhalb einer Lerneinheit gelernt werden?

Wenn wir die Informationen bereits beim Aufbereiten in eine inhaltlich sinnvolle Reihenfolge gebracht haben, bietet es sich natürlich an, unser Lernskript von oben beginnend abzuarbeiten. Da Wiederholung beim Lernen immer eine entscheidende Rolle spielt, sollte auch hierbei im Wechsel zwischen verschiedenen Abschnitten vorgegangen werden. Die Bedeutung von Wiederholung haben wir sowohl innerhalb des inneren Lerndialogs kennengelernt als auch bei der langfristigen Festigung von Themengebieten. Aber auch innerhalb der Lerneinheit kann es zielführend sein, immer wieder vorherige Elemente aufzugreifen oder zu diesen zurückzugehen. Auf diese Weise können selbst schwierige Elemente des Lerninhalts präsent gehalten sowie Zusammenhänge zwischen den Elementen verdeutlicht werden. Dies kann auch schon in der kurzen Zeitspanne einer Lerneinheit (z.B. 60 min) wichtig sein.

Was kann das nun bezogen auf unser Beispiel heißen?

➤ Im ersten Schritt lernen wir die Definition, hierbei fällt es uns vielleicht schwer einzelne Stichwörter zu verinnerlichen.

➤ Im zweiten Schritt lernen wir die Grafik, welche das Vorkommen von Reptilien beschreibt. Dies gelingt uns mit Hilfe der nachfolgenden Techniken problemlos. Bevor wir das nächste Element unseres Lernzettels betrachten, können wir nun noch einmal bewusst die Definition wiederholen.

➤ Danach lernen wir die Tabelle mit den Eigenschaften der Reptilien. Dabei fällt uns möglicherweise auf, dass einige Eigenschaften schwerer zu erlernen sind. Bevor wir zum nächsten Element übergehen, überprüfen wir ein weiteres Mal, ob die Definition mit all ihren Bestandteilen noch abrufbar ist.

➤ Nun werden die klausurrelevanten Vertreter mit ihren Besonderheiten gelernt. Bei den Besonderheiten haben wir immer wieder die Möglichkeit, diese mit den gelernten Eigenschaften zu vergleichen. Durch die Abgrenzung wiederholen wir zum einen die schwierigen Eigenschaften aus

> unserer Tabelle, zum anderen stellen wir heraus, wie einzelne Reptilien von diesen abweichen. Ein weiterer Bezug zwischen den Elementen ist geschaffen.
>
> ➤ Abschließend könnten am Ende der Lerneinheit noch einmal alle Elemente im Zusammenhang wiederholt werden. Hierbei könnte auch der Schwerpunkt auf Problemstellen gesetzt werden, wie die Definition oder ausgewählte Eigenschaften.

Dies stellt natürlich nur ein Beispiel für ein mögliches Vorgehen dar. Unter Umständen müssen Problemstellen noch viel häufiger betrachtet werden.

> Grundsätzlich gilt: lieber einmal "zu viel" wiederholen als einmal zu wenig. Besonders wenn wir noch nicht ausreichend Lernerfahrung haben. Mit der Zeit wird auch dieser Prozess effizienter werden, weil wir das beste Maß an notwendiger Wiederholung finden. Durch ausreichend Erfahrung erlernen wir auch, wie viel Wiederholung es für uns braucht, um schwierige Elemente zu verinnerlichen.

Natürlich sollten Lernmaterialien strukturiert und in inhaltlich sinnvoller Reihenfolge bearbeitet werden. Trotzdem ist es zielführend, immer wieder zu einzelnen Elementen zurückzuspringen, um vorher bearbeitete Elemente zu wiederholen.

3.4 Die Aufsatztechnik

Die im Folgenden beschriebene Technik stellt einen sinnvollen Einstieg in noch nicht gelernte Stoffgebiete dar. Auch wenn es hilfreich ist, den Lerninhalt bereits aufbereitet zu haben, ist ein Vorteil dieser Lernmethode die Anwendbarkeit auf noch nicht vorstrukturierte Inhalte.

Das grundsätzliche Vorgehen ist einfach. Bei der "Aufsatztechnik" lesen wir den vorliegenden Lerninhalt einmal gründlich und schreiben alles auf, was wir uns gemerkt haben. Dies gibt uns einen schnellen und vor allem auch realistischen Überblick darüber, was wir bereits wissen und an welcher Stelle noch gelernt werden muss. In den einzelnen Umsetzungsschritten dieser Techniken setzen wir uns aktiv mit dem Stoff auseinander. Dabei lernen und wiederholen wir bereits Wissen.

Es lassen sich vier Arbeitsschritte herausstellen. Das bewusste Lesen der Inhalte, das Aufschreiben aller "hängengebliebenen" Informationen, die Kontrolle mit den entsprechenden Lernmaterialien und das Lernen der noch nicht bekannten Stellen.

1. Das Lesen:

Wie bei jedem Lernvorgang ist auch hier die bewusste Wahrnehmung entscheidend. Ein Text, eine Tabelle, ein Lernskript oder ähnliches sollte nicht einfach überflogen werden. Der Lerninhalt wird langsam und bewusst gelesen. Hierbei können auch einzelne Bereiche wiederholt oder im inneren Lerndialog bereits gefestigt werden, sofern dies für ein grundlegendes Verständnis der Lerninhalte notwendig ist. Wir können uns z.b. einzelne Textpassagen in eigenen Worten innerlich vorsprechen. Möglicherweise muss an dieser Stelle auch noch eine Stoffaufbereitung erfolgen, z.b. durch Unterstreichungen in einem unbearbeiteten Text. Es sollte aber nicht alles kleinschrittig bis ins letzte Detail im Lerndialog verinnerlicht werden. Vorerst kann manchmal das Gefühl beim Lesen aufkommen, es wären nicht alle Informationen hängengeblieben. Beim Aufschreiben stellt sich häufig heraus, dass wir uns wesentlich mehr gemerkt haben als wir dachten.

Hinweis: Neben dem Lesen von verschriftlichten Lerninhalten bestehen auch andere Möglichkeiten. Beispielsweise kann es zielführend sein, Inhalte zu vertonen und sich diese anzuhören. Das Zuhören dient dann der Wiederholung bzw. dem indirekten Lernen. Eigenständiges Herausstellen und Einsprechen relevanter Inhalte stellt hierbei sogar einen weiteren Lernschritt dar. Ebenso kann verfahren werden, wenn neue Inhalte visuell vermittelt werden, z.B. in einer Dokumentation.

2. Das Aufschreiben:

Mit einigen Minuten Abstand vom vorherigen Lesen werden alle Informationen aufgeschrieben, die noch präsent sind. Bevor das geschieht, sollte wirklich Abstand von den Lernmaterialien gewonnen werden. Es bringt nichts, sich selbst zu belügen und Hilfsmittel zu nutzen, wenn ein realistisches Bild der eigenen Kenntnisse geschaffen werden soll. Durcheinander wird alles notiert, was wir von den zuvor erfassten Inhalten noch wissen. Bei aufeinander aufbauenden Inhalten (z.B. eine Abfolge von Prozessschritten) kann es natürlich sinnvoll sein, die richtige Reihenfolge als Erinnerungshilfe zu nutzen, sofern dies möglich ist. Gerade zu Beginn kann es häufig vorkommen, dass uns viele Gedanken auf einmal in den Sinn kommen. Um so wenig wie möglich davon zu "verlieren", ist also Schnelligkeit gefragt. Es müssen alle Gedankengänge irgendwie zumindest als Stichwort festgehalten werden. Außerdem müssen Informationen, die uns später einfallen mit einbezogen werden. Einzelne Erinnerungen können immer noch detaillierter beschrieben werden, wenn kaum noch neue Einfälle hinzukommen. Solange uns jedoch viele Schlagworte auf einmal in den Sinn kommen, sollten wir diese auch aufschreiben.

Sobald unsere blitzartigen Einfälle ins Stocken geraten und Gedankengänge weitergeführt wurden, können wir uns fragen: Was steht bereits da, was fehlt noch? Wir versuchen uns aktiv das gelesene oder gehörte Wissen zu vergegenwärtigen, um dieses mit unseren vorgeschriebenen Informationen abzugleichen und Lücken zu schließen. Fehlt z.b. noch ein Prozessschritt, welcher notwendig ist um bereits notierte Abläufe zu verbinden? Habe ich einen Zusatz oder eine Ausprägung zu einer Basisinformation vergessen?

3. Die Kontrolle:

Mithilfe unserer im ersten Schritt gelesenen Lernmaterialien wird nun das aus dem Gedächtnis aufgeschriebenen kontrolliert. Ein Abgleich – was fehlt und was vorhanden ist – kann erfolgen. Welche Informationen sind richtig und welche falsch verinnerlicht worden? Dabei kann es vorkommen, dass wir mit Informationen konfrontiert werden, die wir zwar vergessen haben aufzuschreiben, jedoch gewusst hätten, wenn z.B. eine Frage als Anhaltspunkt vorhanden gewesen wäre. Je nach Lernziel und Prüfungsart sind solche Inhalte dann bereits ausreichend gelernt. Das bewusste Abgleichen unserer Notizen mit dem Lernmaterial stellt erneut einen Lernschritt dar, bei dem noch einmal weitere Bestandteile des Themengebiets erlernt werden.

4. Das Lernen von Schwerpunkten:

Abschließend kann nun erfasst werden, welche Gebiete des Lernstoffs noch gesondert zu verinnerlichen sind. Solche Problemstellen können wir dann mit Hilfe des inneren Lerndialogs sofort lernen oder alternativ in einer gesonderten Lerneinheit.

Das Erstellen eines eigenen "Aufsatzes" (bzw. das Reproduzieren einer "Stichpunktliste", Tabelle, Mindmap etc.) anhand von zuvor gelesenen Informationen stellt nicht nur einen guten Einstieg in neue Themengebiete dar, bei häufigem Anwenden sensibilisiert es uns auch für unsere eigenen Fähigkeiten. Es verbleiben bereits beim ersten Lesen, aktiven Beschäftigen und Verstehen des Stoffs eine Menge Informationen in unserem Gedächtnis. Durch das Identifizieren des unbekannten Wissens müssen wir so weniger Zeit für kleinschrittige Lernmethoden verwenden.

3.5 Mit Fließtexten lernen

Aus einem Fließtext zu lernen ist gar nicht so einfach und es braucht dafür einige Übung. Im Kern sollte der Text unter verschiedenen Aspekten und mit verschiedenen Lesestrategien mehrfach und bewusst durchgegangen werden.

Ist ein Text komplett neu, sollte dieser im ersten Schritt einmal gänzlich durchgelesen werden. Im eigenen Lesetempo, mit dem Ziel die groben Zusammenhänge zu verstehen und einen Gesamtüberblick zu bekommen. Erinnern wir uns an unsere Lernstrategien: für effektives und effizientes Lernen brauchen wir einen Gesamtüberblick. Und was auf der großen Ebene gilt, gilt auch im Kleinen bzw. beim "direkten" Lernen. Daher sollte der Text zur Übersicht mindestens einmal in einem Durchlauf durchgelesen werden.

Beim zweiten Lesen, wenn bereits ein Gefühl für die beschriebenen Zusammenhänge besteht, kann es sinnvoll sein, sich den Text in verschiedene thematische Abschnitte zu unterteilen sowie Schlüsselwörter herauszustellen. Es bieten sich Markierungen im Text und Randnotizen an, aber auch Klebezettel, wenn im Text selber nicht geschrieben werden kann. Die Wirkung ist nicht zu unterschätzen: das Auge springt bei weiteren Lesedurchgängen zu markierten Stellen, wodurch wir einen Wiederholungseffekt auslösen. Dieser wird ausgelöst, da wir Unterbewusst bereits wissen welche Inhalte hinter den Schlagwörtern stehen. Das bloße Lesen der Schlagwörter kann bewirken, dass wir uns die dahinterstehenden Informationen und Zusammenhänge vergegenwärtigen oder sogar einige Sekunden innehalten, um diese aktiv zu wiederholen.

Ist der Text so strukturiert, geht es an die dritte Leserunde: der Text kann an dieser Stelle sehr langsam durchgegangen werden. Nach jedem thematischen Abschnitt wiederholen wir im inneren Lerndialog das Gelesene ganz bewusst. Sind einzelne Wörter in ihrer Bedeutung unklar, sollten solche erst an dieser Stelle nachgeschgeschlagen und verinnerlicht werden. Wichtig ist hier wirklich ein langsames und konzentriertes Vorgehen.

Um einen guten Lerneffekt zu erreichen, kann das Gelesene in einer kleinen Pause zwischen den Themenabschnitten kurz im inneren Lerndialog oder schriftlich wiederholt werden. Dabei kann jede mögliche Methode genutzt werden, wichtig ist das aktive Vergegenwärtigen der Lerninhalte. Der Vorgang des langsamen Lesens kann beliebig oft wiederholt werden, bis ein Gefühl der Verinnerlichung eintritt. Im Zweifel kann sich dies durch aufkommende Unterforderung beim Lesen bemerkbar machen. Es kommt ein Gefühl der unnötigen Wiederholung auf.

Zur Überprüfung können Fragen ausformuliert werden, die sich direkt auf die thematischen Schwerpunkte im Text beziehen. An dieser Stelle können wir uns auch überlegen, welche Fragestellungen in einer Prüfung relevant sein könnten. Mit diesen Fragen können wir den Text ein weiteres Mal durchgehen und dabei den Schwerpunkt auf noch unsichere Inhalte setzen. Dabei können auch Passagen übersprungen werden, von denen wir denken, dass wir sie bereits verinnerlicht haben.

Wichtig: zwischen dem Aufstellen der Fragen und ihrer Beantwortung sollten mindestens einige Minuten liegen. Es bietet sich an, eine kurze Lernpause einzuschieben.

Auch wenn nach dem ersten Lerndurchgang bereits das Gefühl der kompletten Verinnerlichung des Inhalts aufkommt, sollten wir den Text im Rahmen einer Prüfungsvorbereitung wiederholen.

Wenn wir das Gelernte später wiederholen und Lücken feststellen, arbeiten wir die Textpassagen heraus, deren Informationen diese Lücke schließen können. Nachdem wir die Informationen nachgelesen haben, wiederholen wir sie innerlich oder schriftlich im eigenen Lerndialog.

Insgesamt beruht das Lernen mit Fließtexten auf der bewussten Drosselung des Lesetempos und dem aktiven Rekapitulieren des Inhaltes. Dabei ist es nicht zu empfehlen, den Text nur als Ganzes zu wiederholen. Aber auch dies kann sinnvoll sein, z.B. als Zusammenfassung oder für den Gesamtkontext. In der Praxis wird es nötig sein, größere Texte in kleinere Abschnitte zu zerlegen, um überhaupt Lernbarkeit zu erreichen.

Außerdem ist es wichtig, dass der Fokus spätestens ab dem zweiten Lesedurchgang darauf liegt, auch wirklich alle wesentlichen Informationen bewusst wahrzunehmen und nichts zu überlesen.

Zu leicht bekommen wir das Gefühl, alles Wichtige gelernt zu haben, nur weil sich uns die Zusammenhänge sowie die wichtigsten Fakten erschließen. Um beim Lernen mit einem Fließtext in die Tiefe zu gehen und wirklich alles Wichtige abzuspeichern, braucht es also Zeit und vor allem hohe Konzentration.

Insgesamt ist das Lernen auf diese anspruchsvolle Art für die meisten Lernenden relativ schwer, da die Informationen eben nicht lerngerecht aufbereitet sind. Es erfordert ein hohes Maß an Aufmerksamkeit, um relevante Inhalte abzugrenzen. Im Zweifel sollten wir uns Informationen herausschreiben und mit einer anderen Methode lernen.

3.6 Mit Fragen lernen

Fragen spielen aus mindestens zwei Gründen eine große Rolle im Lernkontext. Sie eignen sich einerseits optimal zum Wiederholen von Gelerntem, auch weil das gelernte Wissen oft durch Fragen überprüft wird und wir damit eine Prüfungssituation simulieren. Wenn wir uns andererseits Fragen zum Stoff vor oder während des Lernprozesses stellen, kann es diesen unterstützen, indem die Fragen den inneren Lerndialog lenken.

Sich im Vorfeld Fragen zu einem Thema zu stellen und diese auch ganz bewusst auszuformulieren, kann helfen Struktur in ein Informationsnetz zu bringen, bevor wir es überhaupt angelegt haben. Sehr einfach gesagt schaffen wir durch Fragen im Vorfeld schon eine Grundstruktur bzw. Anknüpfungspunkte im Wissensnetz. Diese Vorarbeit hat den Effekt, dass wir es leichter haben, Informationen im Langzeitgedächtnis zu verankern. In der Praxis könnte das heißen, sich im Vorfeld Gedanken zu machen, welche Fragen ich an einen Experten für dieses Thema hätte oder welche Fragen in einer Prüfung zu diesem Thema gestellt werden könnten. Es ist in Ordnung, wenn die dadurch entstehenden Fragen anfangs sehr oberflächlich sind. Das kann sich ändern, wenn erste Zusammenhänge und Informationen verstanden und gelernt sind. I.d.R. werden sich dann nämlich Folgefragen ergeben, die vertiefend in die Materie führen. Dieses Prinzip funktioniert bei einer großen (thematisch) abgegrenzten Klausurvorbereitung genauso gut wie bei einer kleineren Leistungskontrolle. Da wir sowohl in der (Berufs-)Schule als auch an der Universität eigentlich immer vor dem aktiven Lernprozess eine Unterrichtsstunde oder Vorlesung besucht haben, werden wir auch selten ohne Verständnis für die Grundzusammenhänge an den Lernstoff herantreten. Im Optimalfall haben wir diesen ja sogar aufbereitet. Diese aufbereiteten Informationen eignen sich deutlich besser für das Formulieren von Fragen, da wir eine größere Vorstellung davon haben, welche Fragen sich überhaupt stellen könnten.

Beispiel: In Biologie werden wir einen kurzen Test zum Thema Gärungsformen schreiben. Wir haben in der Unterrichtsstunde aufgepasst und mitgeschrieben, deswegen können wir uns erinnern, dass es verschiedene Gärungsformen gibt, die sich voneinander unterscheiden. Bevor wir beginnen zu lernen, formulieren wir die folgenden Fragen, um einen leichten Einstieg in das Thema zu finden:

1. Welche Gärungsformen werden überhaupt unterschieden?
2. Worin unterscheiden sich die Gärungsformen?
3. Worin ähneln sich die verschiedenen Gärungsformen?

Fragen sind außerdem ein Mittel, die eigene Aufmerksamkeit auf den Lerninhalt zu richten. Fällt uns das Lernen generell schwer, dann kann das Lösen einer Aufgabe eine gute Möglichkeit sein, sich mit dem Stoff auseinanderzusetzen. Da wir eine Aufgabe aktiv lösen müssen, sind wir gezwungen uns auch tatsächlich mit dem Stoff auseinanderzusetzen und automatisch wird uns dabei der Lerninhalt vermittelt.

Zusammengefasst: wenn im Vorfeld Fragen ausformuliert werden, können wir uns an einer Aufgabe entlanghangeln. Dies kann helfen, wenn uns der eigene innere Lerndialog schwerfällt. Fragen helfen aber auch, Abwechslung in den Lernalltag zu bringen oder den Lernenden herauszufordern.

Gärungsformen	Alkoholische Gärung	Milchsäuregärung
Ausgangstoff	Glucose	Glucose
Reaktions-produkte	Alkohol Kohlenstoffdioxid Energie	Milchsäure Energie
Übersetzender Organismus	Hefepilz	Milchsäurebakte-rien
Nutzen für den Menschen	Herstellung von Wein, Bier und Backwaren	Konservierung von Nahrungsmitteln

Abb. 5: Übersicht Gärungsformen

Beispielhaftes Vorgehen: wir formulieren einige Fragen, deren Beantwortung uns zur aktiven Auseinandersetzung mit dem Stoff zwingt.

1. Welche Basisinformationen müssen wir über Gärungsformen wissen?
2. Welche zwei Gärungsarten werden unterschieden?
3. Welches Reaktionsprodukte braucht es für die alkoholischen Gärung?
4. Welches Reaktionsprodukt braucht es für die Milchsäuregärung?

In diesem Beispiel ist zu erkennen, dass es möglich ist, Informationen und Fakten in die Fragen einzubauen. Dass dies einen Lerneffekt bewirkt, erklärt sich von selbst.

Jetzt gibt es mehrere Möglichkeiten:

a) Wir beantworten die Fragen schriftlich und mit ganzen Sätzen.

b) Wir beantworten die Frage zwar schriftlich, aber nur mit Stichpunkten.

c) Wir beantworten die Frage im inneren Lerndialog in vollständigen Sätzen, die wir innerlich bewusst ausformulieren.

d) Wir beantworten die Fragen im inneren Lerndialog mit Schlagwörtern.

Für welche Variante wir uns entscheiden bleibt uns überlassen. Die Erfahrung zeigt, dass alle Methoden ausprobiert werden sollten, es letztlich aber kein "richtiges" Vorgehen gibt. Ein Vorteil des schriftlichen Ausformulierens ist, dass wir für eine Prüfungssituation trainieren. Im inneren Lerndialog Fragen zu beantworten, hat den Vorteil und den Nebeneffekt, dass der Lerndialog selbst trainiert wird. Auch Lernen muss geübt werden. Wichtig ist das Probieren. Wird eine Lerntechnik – wie z.B. das Lernen mit Fragen – in einer Lerneinheit ausprobiert, sollten wir am Folgetag ganz bewusst auswerten, wie sich die Informationen im Gedächtnis festgesetzt haben.

Tun wir dies häufiger, werden wir mit der Zeit ein Gefühl dafür bekommen, welche Methoden für uns gut funktionieren und welche weniger geeignet sind.

Der eigentliche aktive Lernschritt sieht dann folgendermaßen aus: wir wählen eine unserer Fragen aus und suchen im Lernmaterial systematisch nach den richtigen Antworten. Dann formulieren wir diese. Die Antworten könnten dann folgendermaßen aussehen:

Welche Basisinformationen müssen wir über Gärungsformen wissen?

a) "Es ist relevant, welche <u>Ausgangsstoffe</u> dem Gärprozess zugrundeliegen, welche <u>Reaktionsprodukte</u> für den Gärprozess benötigt werden, welcher <u>Organismus</u> den Gärprozess in Gang setzt und welchen <u>Nutzen</u> der Mensch aus dem Gärprozess zieht."

b) "<u>Ausgangsstoffe</u>, <u>Reaktionsprodukte</u>, ansetzender <u>Organismus</u>, <u>Nutzen</u> für den Menschen"

c) Gleiche Antwort wie bei "a)", nur im inneren Lerndialog.

d) Gleiche Antwort wie bei "b)" nur im inneren Lerndialog

Wenn wir erfahrene Lernende sind, können wir das "Frageprinzip" auch als Methode in den inneren Lerndialog einbauen. Während wir den Stoff durchgehen, können wir uns im Kopf immer wieder Beispielfragen stellen. Das Vorgehen ist im Prinzip das Gleiche wie bei schriftlichen Fragen, nur stellen wir uns lediglich Einzelfragen, die wir uns dann auch direkt beantworten.

Dieses Vorgehen kann nur funktionieren, wenn wir uns schon einmal näher mit einem Stoffgebiet befasst haben - wie intensiv hängt von der Person, vom allgemeinen Vorwissen und vom Stoffgebiet ab. Auch hier sollten wir wieder auf unser Gefühl hören und auf die eigene Leistungsfähigkeit vertrauen.

Mit Fragen, die sich nur auf das Wiederholen von bereits Gelerntem beziehen, beschäftigen wir uns im Kapitel 3.12 - "Wiederholung in der Praxis".

3.7 Mit Listen lernen

Unter einer Liste verstehen wir eine strukturierte Zusammenstellung von Informationen (Items). Im Lernkontext kann diese Liste verschiedenste Formen und Größen annehmen. An dieser Stelle darf der Hinweis nicht fehlen, dass auch Tabellen eine "mehrstufige" Liste darstellen. Aus diesem Grund lassen sich einige der folgenden Vorteile, Lerntechniken und Verfahren auch auf Tabellen übertragen.

Die Vorteile einer Liste sind vielfältig. Informationen können komprimiert und auf das Wesentliche reduziert werden. Weiterhin lassen sich diese in eine beliebige Reihenfolge bringen und aktiv (um)ordnen. Außerdem können Informationen in Listen nummeriert werden. Nicht selten sind auch vorgegebene Listen oder Auflistungen zu lernen.

Wir können durch das bewusste und ordentliche Strukturieren von Informationen einen Lerneffekt erzielen. Außerdem sind Listen ein weiteres Werkzeug, um den inneren Lerndialog zielgerichtet zu lenken. Dabei können wir eine Liste mit (zusammenhängenden) Informationen sowohl innerlich "aufstellen" als auch verschriftlichen.

> Listen werden dann zu einer Lernhilfe, wenn wir in der Lage sind, genau diese Vorteile zu nutzen, um unseren eigenen inneren Lerndialog zu unterstützen.

In der Praxis können wir dabei unterscheiden:

1. Listen, deren Items aus einem Wort bestehen (also eine Auflistung von Schlagwörtern):

   Reaktionsprodukte verschiedener Gärungsformen:

   a) **Energie**

   b) **Alkohol**

   c) **Kohlenstoffdioxid**

   d) **Milchsäure**

2. Listen, deren Items mindestens aus einer Wortgruppe, alternativ sogar aus ganzen Sätzen bestehen:

   Wichtige Informationen zur Alkoholischen Gärung

   a) Ausgangsstoff: **Glucose**

   b) Reaktionsprodukte: **Energie, Alkohol, Kohlenstoffdioxid**

   c) Übersetzender Organismus: **Hefepilz**

   d) Nutzen für den Menschen: Herstellen von **Konsumalkohol**

Für beide Varianten gilt: wir beginnen damit, uns die Schlagwörter einzuprägen. Entsprechend kann der erste Schritt beim Lernen mit einer Liste das Herausstellen und Bewusstmachen der Information sein. So können wir die Informationsmenge, welche wir uns direkt einprägen wollen, vorläufig reduzieren. Haben wir die Kernbegriffe herausgestellt, versuchen wir uns diese im inneren Lerndialog mit einer Technik unserer Wahl einzuprägen. Dabei können wir unterschiedlich vorgehen: entweder lernen wir die Items in der Reihenfolge, in der sie aufgelistet sind oder wir versuchen sie uns durcheinander einzuprägen. Auch eine sachlogische Reihenfolge ist eine Möglichkeit, dafür sollten wir die Liste aber schriftlich umstrukturieren oder wenigsten entsprechend markieren.

Der wahrscheinlich größte Vorteil einer Liste beim direkten Einprägen zeigt sich aber erst, wenn wir die Informationen wiederholen. Dafür kann mit einer "blanken Liste" gearbeitet werden. Das bedeutet, dass nur der Rahmen der Liste vorher notiert wird und die Items dann an die "richtigen" Plätze nachgetragen werden (ähnlich wie bei einem Lückentext). Bezogen auf unser Beispiel:

Reaktionsprodukte verschiedener Gärungsformen:

    a) _____?

    b) _____?

    c) _____?

    d) _____?

Wichtige Informationen zur Alkoholischen Gärung:

    a) Ausgangsstoff:_____?

    b) Reaktionsprodukte: _____?

    c) Übersetzender Organismus:_____?

    d) Nutzen für den Menschen: _____?

Die Basisinformationen, an denen sich die eigentlichen Informationen orientieren, können auch weggelassen werden, helfen aber beim Informationsabruf. Hier kann abgewogen werden: Fühle ich mich so sicher, dass ich aus dem Kopf weiß, was alles gefragt wird? Dann lasse ich die Basisinformationen weg. Brauche ich einen Hinweis was überhaupt gefragt wird? Dann bereite ich mir eine Liste zur Wiederholung mit Basisinformationen vor. Die Entscheidung für die eine oder andere Variante hängt vom Lernfortschritt ab, aber auch davon wie die Prüfungsfragen aufgebaut sind. Werde ich konkret gefragt, welchen Nutzen alkoholische Gärung für den Menschen hat? Oder soll ich einfach einen kurzen Aufsatz (ohne konkrete Vorgaben) zum Thema alkoholische Gärung schreiben?

Mit dieser blanken/reduzierten Liste kann jetzt wie folgt gelernt werden. Wir versuchen aus dem Kopf so viele Items wie möglich "aufzufüllen". Haben wir beim Lernen eine feste Reihenfolge benutzt, dann versuchen wir diese als Erinnerungshilfe einzuhalten. Wenn wir uns an ein Item nicht sofort erinnern, halten wir uns an diesem jedoch nicht lange auf und springen dann zum nächsten Item. Wenn wir uns zufällig gerade an das unterste Item erinnern, aber noch in der oberen Tabellenhälfte sind, tragen wir trotzdem das letzte Item zuerst ein. So müssen wir es nicht "im Hinterkopf" behalten. Flexibilität ist dabei wichtig, genauso wie das Vertrauen auf das eigene Gedächtnis. Da wir uns diese Informationen bereits alle mindestens einmal im inneren Lerndialog vergegenwärtigt haben, wird einiges davon immer noch präsent sein.

Optimalerweise haben wir uns alle Informationen gemerkt und die Liste ist komplett gefüllt. Sollte dies nicht der Fall sein, ist das nicht schlimm, im Gegenteil: wir können jetzt klar Lücken erkennen. Wir versuchen diese zu schließen. Bei einer festen oder sachlogischen Reihenfolge können wir versuchen, uns zu erinnern, welche Informationen dem jetzt gesuchten Item vor- oder nachgelagert waren. Funktioniert dies nicht, versuchen wir uns einmal bewusst zu machen, an welchem Platz in der Liste wir uns befinden bzw. welche Nummer das gesucht Item hatte. Die entsprechende Nummer könnte uns zum richtigen Schlagwort führen, da wir die Nummer mit der Information assoziieren. Gerade bei diesen Erinnerungstechniken zeigen sich die tatsächlichen Vorteile einer Liste. Im Übrigen eignet sich diese Technik auch zu Informationssuche in Prüfungssituationen.

Bei einer längeren Liste können wir die Items zu mehreren für uns angenehmen Untergruppen zusammenziehen, z.B. immer vier Items gemeinsam. So können wir uns später erinnern, welche vier Informationen insgesamt zu einer Gruppe gehörten und welche nun noch "fehlt". (Gruppe 1 = A,B,C,D; Gruppe 2 = E,F,G,H; Gruppe 3 = I,J,K,L usw..)

Sind auch nach mehreren Versuchen noch Lücken in der Liste, werden diese mit dem Lernmaterial geschlossen. Treten die gleichen Lücken immer wieder auf, vergessen wir also die selben Informationen immer wieder, sollten wir diesen Informationen eine höhere Priorität geben. Beispielsweise können wir beim erneuten Befüllen einer blanken Liste diese Informationen zuerst aufschreiben. Durch die erhöhte Priorisierung werden sich diese Informationen einprägen. Denkbar ist auch, eine Übungsliste nur mit den schwierig zu merkenden Informationen zu füllen.

Wie zu erkennen ist, liegt der eigentliche Lerneffekt bei einer Auflistung von Informationen im Verhältnis der Einzelinformationen zueinande – mit anderen Worten an deren Verknüpfung. Da eine tiefere Verankerung der Informationen nicht ohne Wiederholen zu erreichen ist und sich Listen durch ihre Struktur und die daraus entstehenden Vorteile optimal zum Wiederholen eignen, können Listen ein bewährtes Lernmittel sein. Allerdings muss das Einprägen dennoch über den inneren Lerndialog geschehen. Das Aufstellen einer Liste kann diesen aber ähnlich wie beim Lernen durch vorformulierte Fragen lenken, indem wir uns an einer Aufgabe "entlanghangeln" - nämlich dem Füllen der Übungsliste. Wie bereits gesagt hat aber schon das aktive Zusammenstellen und Umstrukturieren von Informationen zu Listen einen Lerneffekt. Einfach dadurch, dass wir uns mit den Informationen beschäftigen.

Sind alle Schlagwörter aus der Liste sicher verankert, können auf dieser Grundlage Zusatzinformationen an diese Schlagwörter angeknüpft werden. Dabei kann die Schlagwortliste z.B. mit Zusatzinformationen erweitert werden, die direkt an diese anknüpfen:

Reaktionsprodukte verschiedener Gärungsformen:

e) Energie - kann in verschiedenen Formen einge-
bracht werden

f) Alkohol - hat die Formel C2H5OH; Teil der alkoholischen Gärung

g) Kohlenstoffdioxid - CO2; Teil der alkoholischen
Gärung

h) Milchsäure - $C_3H_6O_3$;; Teil der Milchsäuregärung

Hier kann kombiniert werden. Haben wir uns auch die Zusatzinformationen im inneren Lerndialog gemerkt, können wir eine blanke
Liste als Lernübung sowohl mit den Kern- als auch mit Zusatzinformationen füllen.

3.8 Mit Tabellen lernen

Tabellen bieten logischerweise die gleichen Vorteile wie eine einfache Liste. Eine Eigenart von Tabellen ist aber die Vielschichtigkeit, da diese durch ihre verschiedenen Spalten mehr Dimensionen haben als eine klassische Liste. Daraus lassen sich verschiedene Vorteile ableiten, die wir beim Lernen nutzen können.

Wenn wir eine Tabelle lernen wollen, spielen die Basisinformationen eine große Rolle. Es geht gerade darum, die einzelnen Basisinformationen mit ihren verschiedenen Ausprägungen zu verknüpfen. Dies wird bereits durch die äußere Gestaltung erreicht. Dies kann uns beim Lernen eine Stütze sein, z.B. anhand der Platzierung der Information in der Tabelle.

Zur Einprägung einer konkreten Information kann die folgende Technik genutzt werden: zusätzlich zur eigentlichen Information kann die Zusatzinformation – an welcher Stelle sich eine Information im Cluster befindet – verinnerlicht werden. Dabei können wir uns grob merken, wo sich die Information befand, z.B. "in der rechten oberen Ecke". Weiterhin können wir uns merken welche Informationen sich daneben, darunter und darüber befanden. Oder wir können so weit gehen, dass wir uns einprägen, welche Zeilen und welche Spaltennummer eine Information hat. Wir können uns aber auch die Platzierung des Items bildlich verinnerlichen. Diese Technik in ihren verschiedenen Ausprägungen ist jedoch nur ein unterstützendes Hilfsmittel und dient vor allem als Erinnerungshilfe und Assoziations-/Anknüpfungspunkt.

Um die Inhalte einer Tabelle zu lernen, können auch alle Listentechniken ausprobiert werden, da die Tabelle auch nur eine Kombination mehrerer Listen darstellt.

Wie eine Liste ist auch eine Tabelle schnell skizziert und kann genau wie eine "blanke Liste" auch als "blanke Tabelle" gelernt werden. Die Aufsatztechnik lässt sich daher ebenfalls anwenden. Wir können Stoff lesen und danach versuchen so viele Informationen wie möglich in einer Tabelle zu reproduzieren. Das Aufstellen einer Tabelle zu einem Themengebiet ist außerdem eine "Aufgabe" und bringt uns durch das Auseinandersetzen mit den Lerninhalten einen Lernfortschritt.

3.9 Mit Mindmaps lernen - Mindmapping

Wenn im Folgenden von einer Mindmap gesprochen wird, ist darunter eine kognitive Technik zur Skizzierung eines Themengebietes zu verstehen. Dabei stellen wir einen zentralen Begriff in die Mitte, von dem aus wir weitere Begriffe ableiten, die direkt mit den Kerngedanken zusammenhängen und die für das Lernen relevant sind. Diese Begriffe werden dann ebenfalls wieder zu Kerngedanken, an denen wir weitere verbundene Begriffe anknüpfen. Die Relevanz der Informationen ist deswegen wichtig, weil wir Mindmaps im Lernkontext nur bedingt für die freie Assoziation nutzen, für die sie ursprünglich gedacht waren. Stattdessen ziehen wir durch die folgenden Techniken sogar einen Nutzen daraus, gezielt Informationen in die Struktur einzubauen.

Abb. 6: Mindmap-Gärungsformen

Wir können uns Mindmaps dabei als verschriftlichtes Wissensnetz vorstellen, wie hier am Beispiel der Gärungsformen. Anders ausgedrückt ist eine Mindmap ein Netz aus verschiedenen Assoziationen mit dem Vorteil, dass der Ersteller sogar die bestehenden Verbindungen zwischen den einzelnen Informationen visualisiert. Wir befassen uns also bewusst sowohl mit den Einzelinformationen als auch mit den Zusammenhängen. Wir beschäftigen uns aktiv mit der Information und priorisieren diese in unserem Kopf, bis wir den Begriff notiert haben und alle weiteren Begriffe abgeleitet wurden. Dadurch kann das Erstellen einer Mindmap einen besonderen Lerneffekt haben. Um einen Lerneffekt mit Mindmaps zu erzielen, sind verschiedene Vorgehensweisen möglich.

➢ Eine Mindmap kann aufgestellt werden, während wir uns das erste Mal intensiver mit einem Thema auseinandersetzen. Wir arbeiten dabei direkt mit dem Lernmaterial und nutzen die Technik explizit nicht wie ursprünglich vorgesehen als "Brainstorming-Instrument", sondern als Strukturtechnik, um die einzelnen Zusammenhänge zwischen wichtigen informationen zu visualisieren. Das Aufstellen und Skizzieren der Mindmap hat dabei einen Lerneffekt, ohne dass wir aktiv in den inneren Lerndialog gehen müssen. Nutzen wir zusätzlich noch eine Technik des inneren Lerndialogs, wird sich dieser Effekt noch verstärken. Wenn wir ordentlich gearbeitet haben, entsteht ganz nebenbei eine gute Übersicht als Grundlage für spätere Wiederholungen oder für eine blanke/reduzierte Mindmap. Eine Mindmap können wir also auch nutzen, um unser Lernmaterial aufzubereiten.

> Lernen mit einer vorhandenen Mindmap: Haben wir eine (z.B. selbst erstellte) Mindmap vorliegen, können wir uns mit Techniken des inneren Lerndialogs bewusst die Zusammenhänge einprägen. Eine Methode ist es, gedanklich die einzelnen Pfade abzulaufen und sich bei jedem Begriff klarzumachen, was dieser bedeutet und wieso ein Zusammenhang zu verbundenen Begriffen besteht. Dabei ist es sehr wichtig, ausreichend Zeit zu verwenden und nicht zu schnell voranzugehen. Alternativ können wir auch versuchen, uns den "visuellen" Standort eines Begriffs zu merken. Wir können uns z.B. zusätzlich vergegenwärtigen auf welcher Ebene sich ein Begriff in unserer Mindmap befand, wie viele Verbindungen von diesem Begriff ausgingen oder welche Wörter daneben standen.

Bezogen auf unser Beispiel heißt das: wir prägen uns ein, was der Nutzen der Milchsäuregärung für den Menschen ist, indem wir uns den Pfad *"Gärungsformen → Milchsäuregärung → Nutzen für den Menschen → Konservierung von Lebensmitteln"* merken. Außerdem können wir uns merken, dass der Nutzen der Milchsäuregärung "rechts außen" notiert wurde und gelb hinterlegt ist. Vielleicht helfen uns diese Zusatzinformationen bei der Erinnerung.

➢ Lernen mit einer blanken Mindmap: mit dieser Technik versuchen wir bereits gelerntes Wissen zu reproduzieren. Durch das in Erinnerung Rufen und Skizzieren der Mindmap ohne Lernmaterial haben wir einen noch größeren Lerneffekt als beim reinen Durchstrukturieren eines Themengebietes und trainieren dabei sogar noch das Abrufen der Informationen. Es gibt hier mindestens zwei mögliche Vorgehensweisen:

1. Wir schreiben den Kernbegriff in die Mitte und versuchen so viel wie möglich aus dem Kopf nachzutragen. Erst wenn wir auch nach längerer geistiger Anstrengung keine weiteren Verbindungen oder Informationen hinzufügen können, arbeiten wir mit dem Lernmaterial die fehlenden Aspekte in die Mindmap ein. Dabei geht es nicht um die Optik. Allein das Skizzieren des Wissensnetzes hat einen enormen Lerneffekt.

2. Wir bereiten uns eine "blanke Mindmap" vor. Dafür skizzieren wir vorher die Verbindungen, lassen aber die Basisinformationen und deren Ausprägung weg. Dann ergänzen wir die fehlenden Wörter, genau wie bei der "blanken Liste". Begriffe die uns nicht mehr einfallen werden mit dem Lernmaterial nachgetragen. Alternativ können wir die Basisinformationen ebenfalls vorher eintragen.

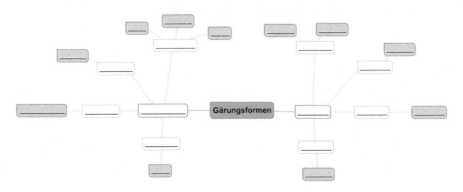

Abb. 7: "Blanke"-Mindmap, mit und ohne Basisinformationen

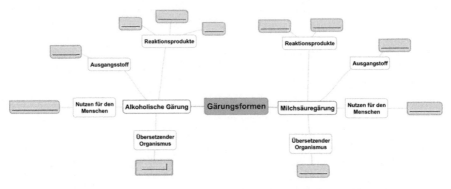

Abb. 7: "Blanke"-Mindmap, mit und ohne Basisinformationen

➢ Wie bei der "Aufsatztechnik" können wir auch eine Mindmap nutzen, um unmittelbar davor gelesene Informationen aus dem Kopf zu reproduzieren. Da Mindmapping ursprünglich als Brainstorming-Technik gedacht war, ist es möglich, dass die Aufsatztechnik sogar besser mit einer Mindmap funktioniert als mit Stichpunkten oder einem kleinen Aufsatz. Es gelten die im Kapitel 3.4 "Die Aufsatztechnik" aufgezeigten Vorteile für dieses Lernprinzip und es ist das bekannte Vorgehen möglich.

Bei allen Einzeltechniken mit Mindmaps gilt der schon vorher angesprochene "Aufgabeneffekt". Dadurch, dass wir beim Aufstellen einer Mindmap eine "Aufgabe" bewältigen, stellt sich der Lerneffekt automatisch ein, ohne dass wir dafür den aktiven Lerndialog nutzen müssen.

Wie eine Mindmap konkret aussieht, bleibt jedem selbst überlassen. Es kann mit Farben, besonderer Schrift, bestimmten Linienmustern oder anderen Hervorhebungen gearbeitet werden. Ein richtiges Vorgehen gibt es nicht, die Mindmap ist in diesem Kontext ein individuelles Lerninstrument und muss nur dem Anwender helfen.

Bei einer Mindmap kann auf besondere Art mit Basisinformationen umgegangen werden. Wie am Beispiel zu erkennen ist, können die

Basisinformationen mehrfach in der Mindmap zu finden sein. Beispielsweise betrachten wir die Basisinformation "Reaktionsprodukte" sowohl für die Milchsäuregärung als auch für die alkoholische Gärung.

3.10 (Mit) Grafiken lernen

Als Grafik kann alles beschrieben werden, was Informationen nicht nur rein sprachlich vermittelt, sondern darüber hinaus bildliche oder eben visuelle Unterstützung bietet. Beispielsweise durch Zeichnungen, Formen, Linien oder Pfeile.

So können selbsterstellte Mindmaps, Tabellen oder Zeichnungen natürlich auch als Grafiken bezeichnet werden. Die nachfolgende Vorgehensweise kann also selbstverständlich zusätzlich zu den bereits bekannten Techniken genutzt werden.

Vorwiegend beschäftigt sich das nachfolgende Kapitel allerdings mit der Lernmethodik für vorgegebene Grafiken, z.B. aus dem Unterricht oder dem Vorlesungsskript. Das grundlegende Vorgehen lässt sich hierbei auf jede erdenkliche Form von Grafiken übertragen. Im Folgenden wird eine mögliche Vorgehensweise anhand eines Diagramms erläutert.

Es wird einige Personen geben, die Grafiken tatsächlich auf eine fotografische Weise lernen und sich diese dann im Nachhinein detailgetreu vor ihrem inneren Auge vorstellen können. Da diese Methode jedoch nicht einfach zu erlernen ist, soll im Folgenden eine Alternative geboten werden. Dieses Vorgehen kann aber trotzdem unterstützend für fotografisches Einprägen von Grafiken genutzt werden.

Betrachten wir die nachfolgende Grafik, welche die Entwicklung der Weltbevölkerung darstellt. Um eine Grafik zu erlernen, kann es sinnvoll sein, zuvor einige Fragen zu beantworten und Informationen zu verknüpfen. Es kann ein neuer Lernzettel für die Grafik angelegt werden, egal ob als Fließtext oder mit Stichpunkten und Sätzen. Alternativ führen wir diese Arbeitsschritte im Kopf durch.

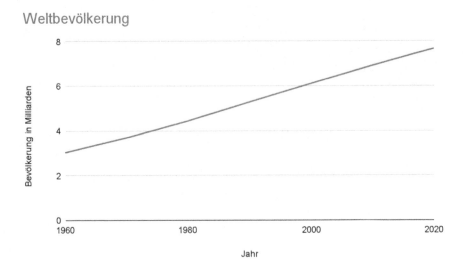

Abb. 8: Reduzierte Darstellung - "Entwicklung der Weltbevölkerung, 1960 bis 2020" [2]

Schritt 1: Womit beschäftigt sich die Grafik? Was stellt sie dar? Welche Art von Grafik betrachten wir?

[2] Datenbasis: https://data.worldbank.org/indicator/SP.POP.TOTL?locations=1W ; 09.10.2021 10:30Uhr

"Das vorliegende Diagramm stellt die Entwicklung der Weltbevölkerung in den letzten Jahrzehnten dar."

Schritt 2: Was könnten Orientierungspunkte der Grafik sein? Gibt es zentrale Elemente? Beispielsweise die Spalten- und Reihenbezeichnung bei Tabellen, Basisinformationen in Mindmaps oder die Achsenbeschriftung bei Diagrammen.

"Die X-Achse des Diagramms zeigt die betrachteten Jahre. Links das Jahr 1960, rechts das Jahr 2020. Die Y-Achse zeigt die zugehörige Bevölkerung in Milliarden Einwohnern. Von 0 bis 8 Milliarden."

Schritt 3: Im dritten Schritt kann die Grafik genauer beschrieben werden. Was sind die Besonderheiten? Stechen bestimmte Werte des Diagramms, der Tabelle, etc. besonders heraus?

Weiterhin können bestimmte Daten als Stütze herausgearbeitet werden, da natürlich gerade bei Diagrammen, aber auch bei Tabellen oder Modellen, nicht immer alle Elemente gelernt werden können. Bei Grafiken kann also durchaus auch etwas weggelassen werden. Wichtig ist die Kernaussagen herauszustellen.

"Der Bevölkerungsanstieg weist ein kontinuierliches Wachstum auf. Besonders starke Sprünge liegen nicht vor (auch das ist ein Anhaltspunkt). Als Eckdaten können Anfang und Ende der X-

Achse fungieren. 1960 lebten circa 3,3 Milliarden Menschen auf der Erde, 2020 waren es bereits 7,7 Milliarden. In 60 Jahren hat sich die Weltbevölkerung also mehr als verdoppelt."

Schritt 4: Welche Informationen transportiert die Grafik gut und welche schlecht?

"Das Diagramm vermittelt einen Gesamteindruck über die Bevölkerungsentwicklung. Die Kernaussage des starken Anstiegs in den vergangenen 60 Jahren bleibt erhalten. Kritisch zu betrachten sind allerdings die einzelnen Werte. Diese werden wahrscheinlich lediglich Richtwerte sein, da sich die exakte Weltbevölkerung mangels genauer Informationen natürlich schwer ermitteln lässt."

Schritt 5: Wenn möglich, kann die Grafik an dieser Stelle in den Gesamtkontext eines Themengebiets eingeordnet werden. Weiterhin kann eine Verknüpfung mit weiteren Informationen sinnvoll sein.

"Wird das Bevölkerungswachstum über die gesamte Menschheitsentwicklung hinweg betrachtet, stellt sich die Frage, warum ausgerechnet in den zuletzt vergangenen Jahrzehnten diese so stark ansteigt? War der Anstieg in diesem Zeitraum in Deutschland genauso groß wie in China?"

Dieses Vorgehen in fünf Schritten zur Aufbereitung einer Grafik ist natürlich nur ein Vorschlag. Es können auch weitere Punkte hinzugefügt oder weggelassen werden.

Grundsätzlich geht es um ein bewusstes Auseinandersetzen mit der Grafik. Zusammenhänge müssen verstanden und Anknüpfungspunkte geschaffen werden. Diese Anknüpfungspunkte (z.B. Achsenbeschriftung, herausstechende Daten, Besonderheiten), eine Einschätzung der Grafik sowie ihre Einordnung können dann ganz klassisch im inneren Lerndialog durch bewusstes Ausformulieren gelernt werden. Daher kann es zielführend sein, die Ergebnisse der Ausarbeitung wirklich als neues Lernskript zu verschriftlichen, egal ob als Fließtext, in Sätzen oder in Stichpunkten.

Dieses Vorgehen lässt sich auf jede Form von Grafiken übertragen. Egal ob Tabellen, Mindmaps, Bilder oder Diagramme. Ob visualisierte Studien, Statistiken oder Modelle. Wichtig ist das bewusste Auseinandersetzen mit der Grafik, diese zu verstehen und einzuordnen in den Kontext des Lernstoffs. Orientierungspunkte werden herausgearbeitet und im inneren Lerndialog verinnerlicht. Mit diesem Vorgehen sollte es möglich sein sich schlussendlich auf eine Grafik richtig beziehen zu können und diese sogar zu reproduzieren.

3.11 Wörtliches Auswendiglernen

Das Lerninhalte tatsächlich wörtlich wiederzugeben sind, kommt eigentlich selten vor. Gerade wenn es darum geht Fakten und Zusammenhänge eines Themengebiets dauerhaft zu verinnerlichen, ist es ratsam diese wirklich zu verstehen und eigenständig beschreiben zu können. Besonders auch wenn auf der erlernten Grundlage weiteres Wissen aufgebaut werden soll.

Selbst beim Lernen von Definitionen wird der Fokus meistens auf einzelne Stichwörter gelegt und ein Gesamtverständnis ist zwingend notwendig. Wann ist es z.B. im Schulalltag also notwendig, wörtlich auswendig zu lernen? Zumeist wird dies bei Gedichten, Theatertexten, Monologen oder anderen lyrischen Texten der Fall sein. Aber auch Zitate können auswendig gelernt werden, um diese beispielsweise in einer Geschichtsklausur anzuwenden.

Es existiert eine geringe Anzahl an Lerninhalten, welche regelmäßig wörtlich auswendig gelernt werden müssen. Daraus ergibt sich relativ deutlich welches Ziel damit verbunden ist. Gerade bei lyrischen Texten ist es schon aus einem künstlerischen Aspekt heraus notwendig, diese wörtlich wiederzugeben. Ebenso ergibt es sich für Inhalte wie z.B. Zitate, dass diese wörtlich beherrscht werden müssen, um sich auf diese beziehen zu können. Weiterhin kann es zielführend sein, auch bei komplexeren Themen einzelne Elemente als Stütze wörtlich zu verinnerlichen. So z.B. Basisinformationen oder übergeordnete Definitionen. Wenn es jedoch nicht explizit notwendig oder gefordert ist, empfiehlt sich wörtlich auswendig lernen nicht. Bei großen Themengebieten wird dies wahrscheinlich ohnehin den zeitlichen Rahmen sprengen, da zum wörtlichen Auswendiglernen ebenfalls eine äußerst hohe Konzentration und viel Zeit von Nöten ist.

Wörtliches Auswendiglernen ist also selten geeignet. In großem Umfang wirkt wörtliches Auswendiglernen erfahrungsgemäß ermüdend und stellt somit auch häufig nicht das sinnvollste Training für die eigene Aufnahmefähigkeit dar. Für normalen Lernstoff ist wörtliches Auswendiglernen also ineffizient.

Es muss aber auch betont werden, dass einmal wörtlich auswendig gelernte Inhalte äußerst fest in unserem Gedächtnis verankert sind und sich selbst Jahre später leicht wieder auffrischen lassen. Denken wir dabei z.B. an Lieder und Gedichte aus unserer Kindheit oder den Titelsong unserer Lieblingsserie.

Anders als beim bewussten Verstehen von Informationen spielen beim wörtlichen Auswendiglernen auch der bloße Klang und Rhythmus der Worte sowie noch umfangreichere Wiederholung die tragende Rolle.

Wie kann nun beim wörtlichen Auswendiglernen konkret vorgegangen werden? Dies hängt natürlich zum einen vom Ziel ab. Möchte ich das wörtlich Gelernte lediglich rezitieren oder auch tatsächlich verstehen? Zum anderen sind die zeitlichen Ressourcen wie so häufig auch ein entscheidender Faktor. Muss ich etwas kurzfristig wörtlich wiedergeben oder steht mir ein langfristiger Lernzeitraum zu Verfügung?

Der Schlüssel zum wörtlichen Auswendiglernen liegt wie bereits erörtert in der Wiederholung, da Inhalte nicht zwangsläufig auch umfassend verstanden werden müssen, um z.B. ein Gedicht in seiner Wortfolge und Sprachrhythmus zu erlernen. Dennoch kann es natürlich sinnvoll sein, den Lerninhalt auch inhaltlich zu erfassen und z.B. Teilabschnitte zu bilden und Bereiche voneinander abzugrenzen, um so Anhaltspunkte zu schaffen. Gerade bei einem Gedicht kann es sonst passieren, dass eine einzelne Erinnerungslücke uns am weiteren Rezitieren hindert, wenn uns mangels Strukturierung Einstiegspunkte fehlen. Diese Anhaltspunkte werden dann zu Erinnerungsstützen, wobei das bloße Unterteilen eines Textes in Teilabschnitte bereits Anhaltspunkte bietet.

> Beim wörtlichen Auswendiglernen von eigenen kurzen Lernstützen, z.B. aufgelistete Basisinformationen, müssen natürlich diese Elemente des Lernmaterials erst einmal ausformuliert werden. Diese können dann im inneren Lerndia-

log verinnerlicht werden. Im Selbstgespräch wird das wörtlich zu Lernende immer wieder bewusst ausformuliert, jedoch ohne Spielraum zur Veränderung, da ja eben wörtlich gelernt wird. Klang und Rhythmus von Wörtern spielen beim wörtlichen Auswendiglernen eine große Rolle, daher ist hierbei ein lautes Aussprechen durchaus hilfreich.

➢ Ähnlich verhält es sich beim wörtlichen Auswendiglernen von bestehenden Inhalten, z.B. bei einem Gedicht. Zu Beginn kann es sinnvoll sein, sich mit dem Inhalt auseinanderzusetzen, diesen zu verstehen und vielleicht sogar in Teilabschnitte zu gliedern. Danach kann eine bewusste Aufnahme erfolgen. Im Idealfall sollte dafür ein längerer Zeitrahmen gewählt werden, um viel Raum für Wiederholung zu lassen. Häufiges bewusstes Lesen wird gerade bei rhythmischen Texten dafür sorgen, dass sich viele Inhalte bereits festsetzen. Problemstellen, die sich im Zuge dessen ergeben, können dann wieder durch bewusstes wiederholtes Nachsprechen im inneren Lerndialog oder durch tatsächliches Sprechen verinnerlicht werden. Je häufiger nachfolgend Wiederholung stattfindet, z.B. durch tägliches Rezitieren eines gelernten Gedichtes, desto sicherer wird natürlich der Lerninhalt verinnerlicht.

Auch beim wörtlichen Auswendiglernen spielt die individuelle Aufnahmefähigkeit natürlich eine Rolle. Wie viel sich bei den ersten Lesedurchgängen festsetzt oder wie viel Strukturierung und Abgrenzung von Teilbereichen notwendig ist, wird bei jedem Lernenden unterschiedlich sein. Der nachfolgende Prozess des wörtlichen Auswendiglernens erfolgt wie ansonsten auch mit Hilfe des inneren Lerndialogs. Bewusstes Formulieren kann hierbei jedoch nicht flexibilisiert werden, da der Lerninhalt ja Wort für Wort feststeht. Da neben der Wiederholung aber auch Klang und Rhythmus entscheidend sind, kann es sinnvoll sein beim wörtlichen Auswendiglernen den Formulierungsprozess laut auszuführen.

3.12 Wiederholung in der Praxis

Über eine mögliche Veränderung von Wiederholungseinheiten/-rhythmen über einen längeren Zeitraum wurde bereits gesprochen. Sollte neuer Stoff anfangs noch wesentlich häufiger wiederholt werden, kann dagegen mit der Zeit ein größerer Abstand zwischen den Wiederholungseinheiten liegen. Auch das Wiederholen zum Aufwärmen sowie zwischen Elementen innerhalb einer Lerneinheit wurde bereits erläutert.

Weiterhin wurde bereits thematisiert, in welcher Intensität Inhalte wiederholt werden können. Häufige oberflächliche Wiederholung kann dabei ebenso zielführend sein wie seltene intensive Wiederholung. Lerninhalte können bis ins kleinste Detail wiederholt werden oder lediglich die Basisinformationen bzw. Problemstellen betrachtet werden.

Im Folgenden sollen nun Möglichkeiten erläutert werden, eine Wiederholungseinheit durchzuführen. Hierbei betrachten wir die Wiederholung unter aktiver Anwendung des Lernmaterials sowie das auswendige Wiederholen.

Grundsätzlich stehen verschiedene Wiederholungsmöglichkeiten zur Verfügung:

> ➤ Vollkommen auswendiges Abrufen des Lernstoffs

> ➤ Wiederholung unter aktiver Anwendung des Lernmaterials

➤ Das Beantworten von Fragen

Beginnen wollen wir mit der **auswendigen Wiederholung ohne Lernmaterial:** Hierbei steht das bewusste Abrufen von Informationen im Vordergrund. Wir versuchen uns aktiv an das Gelernte zurückzuerinnern und reproduzieren dabei das Wissen. Dies kann schriftlich, mündlich oder im inneren Lerndialog erfolgen. Gerade beim Wiederholen von Mindmaps, Grafiken oder Tabellen kann es sinnvoll sein, diese zu verschriftlichen und somit noch einmal selbst zu erstellen. Wiederholt werden können hierbei Basisinformationen und Problemstellen, um dabei auch passiv alles weitere zu wiederholen.

Beispielsweise können zum Thema "Gärungsformen" die Basisinformationen wiederholt werden, indem wir im inneren Lerndialog folgende Frage beantworten: "Welche Parameter muss ich bei den Gärungsformen erklären können?"

Antwort: Ausgangsstoffe, Reaktionsprodukte, übersetzender Organismus, Nutzen für den Menschen. Passiv rufen wir uns dabei automatisch und vielleicht sogar ohne dass wir es merken die entsprechenden Ausprägungen in Erinnerung.

Auch kann das Stoffgebiet als Ganzes wiederholt werden. Wir formulieren das gelernte Wissen noch einmal bewusst aus (im inneren

Lerndialog, schriftlich oder mündlich) und vergegenwärtigen uns die gelernten Informationen so erneut.

Egal ob wir das auswendige Rückrufen des Gelernten schriftlich, im inneren Lerndialog oder in lauter Aussprache durchführen: um uns Inhalte nicht falsch einzuprägen oder entscheidendes zu vergessen, sollten wir auch beim auswendigen Wiederholen mit unseren Lernmaterialien abgleichen und kontrollieren.

Durch die Kontrolle erfahren wir: Was wissen wir bereits, was wissen wir nicht? Noch nicht auswendig abrufbare Inhalte können dann noch einmal im Rahmen der Wiederholung gelernt werden, z.B. im inneren Lerndialog. Hierbei kann es auch zielführend sein, einen Technikwechsel im Vergleich zum ersten Lernen vorzunehmen.

Hinweis: Beim Wiederholen mit und ohne Lernmaterial kann es vorkommen, dass wir zwar eine Information vergessen zu nennen, diese aber gewusst hätten, wäre z.B. eine konkrete Frage dazu gestellt worden. Hierbei muss dann abgewogen werden, ob dies ausreichend ist oder wir den Lerninhalt vollständig eigenständig wiedergeben müssen.

Wiederholung unter aktiver Anwendung des Lernmaterials:
Für die genaue Ausführung ist der Umfang der Wiederholung entscheidend. Es stehen verschiedene Lesetechniken zur Verfügung, um unsere gelernten Inhalte zu wiederholen. Das "Lesen" bezieht

sich hierbei explizit nicht nur auf Fließtexte, sondern auf jede Form des aufbereiteten Lernstoffs, egal ob Mindmaps, Tabellen oder ähnliches.

Bewusstes langsames Lesen, ähnlich des eigentlichen Lernvorgangs, kann eine Möglichkeit darstellen sowohl umfangreich ein ganzes Teilgebiet zu wiederholen, als auch lediglich Basisinformationen oder Problemstellen präsent zu halten. Entscheidend ist beim Lesen das bewusste Wahrnehmen der Information. Wir setzten uns einfach ein weiteres Mal mit den Lerninhalten auseinander und machen uns dabei auch bewusst, dass uns diese Inhalte bereits bekannt sind.

Sobald ein Großteil des Wissens wirklich gelernt und tiefgreifend verinnerlicht ist, kann das schnelle Lesen eine Möglichkeit der Wiederholung sein. Der Fokus liegt hierbei auf dem Wahrnehmen der übergeordneten Zusammenhänge und Basisinformationen, aber auch Details werden durch das bloße "überfliegen" noch einmal vergegenwärtigt. Weiterhin bleiben wir automatisch an schwierigen oder nicht verinnerlichten Stellen hängen und können diese noch einmal im inneren Lerndialog lernen. Das schnelle Überfliegen unseres Lernzettels oder eines Textes zu Wiederholungszwecken kommt dem Speedreading nahe. Dies Lernmethode wird im Zuge des Kapitels 3.15 - "Notfallstrategien" erläutert.

Eine weitere Möglichkeit mit den Lernmaterialien zu wiederholen, stellt das Üben mit Fragen, Aufgaben oder Probeklausuren dar.

Hierbei wird die Prüfungssituation bereits nachgestellt. Eine genaue Erläuterung folgt im Kapitel 3.13 - "Übungen als Teil der Prüfungsvorbereitung".

Zu viel Wiederholung ist zeitraubend und unter Effizienzgesichtspunkten nicht zu empfehlen. Jedoch gilt es am Anfang lieber einmal mehr zu wiederholen als einmal weniger. Sobald wir genug Erfahrung bezüglich des Wiederholens und Lernens gesammelt haben, sollten wir uns aber auch trauen, eine Wiederholungseinheit wegzulassen oder in geringerem Umfang abzuhalten, wenn wir uns sicher sind, dass die Lerninhalte ausreichend verinnerlicht sind.

Egal ob auswendig oder mit Hilfe des Lernmaterials. Wiederholung stellt ein bewusstes Auseinandersetzen mit dem Stoff dar. Wir brauchen die Bereitschaft uns anzustrengen, um uns an das Gelernte zu erinnern. Selbst wenn dies zu Beginn eines Themas schwierig sein sollte, das Wissen ist da! Im inneren Selbstgespräch, der Reproduktion oder durch das Lesen des Lernmaterials rufen wir die gelernten Informationen ab und unterziehen diese dem entscheidenden Kontrollprozess. Durch das Abrufen werden diese weiterhin als relevant eingestuft. Gleichzeitig üben wir durch aktive Wiederholung auch das Abrufen von Wissen in der Prüfung.

3.13 Übungen als Teil der Prüfungsvorbereitung

Die Übung stellt eine weitere Form der Wiederholung mit Hilfe von Lernmaterialien dar. Hierbei geht es nicht nur darum das reine Wissen abzurufen, sondern direkt das Gelernte auf konkrete Fragen und Aufgabenstellungen anzuwenden. Dies eignet sich explizit auch für scheinbar theorielastige Fächer und nicht nur für z.b. Mathematik oder Physik. Denn auch Theorie kann durch das Beantworten von Fragen oder Aufgabenstellungen geübt werden. In Klausuren finden wir zur Anwendung von Theorie häufig Aufgabenstellungen wie z.b. "beschreiben Sie den folgenden Sachverhalt" bzw. "stellen Sie diesen umfassend dar" oder ähnliches.

Das Üben ist grundsätzlich ein sinnvolles Vorgehen zur Vorbereitung von Prüfungen, da wir uns hierbei beliebig nah an kommenden Prüfungsfragen orientieren können.

➤ Bei der Übung mit Übungsklausuren lösen wir diese, nachdem wir uns das Wissen angeeignet haben. Dies dient der Prüfungsvorbereitung, da wir uns bei der Lösung intensiv mit der Prüfungsstruktur auseinandersetzen. Wir bekommen so auch ein Gefühl für die unterschiedliche Gewichtung von Aufgaben und für Schwerpunkte. Außerdem können wir durch diese Art des "Trainings" Unsicherheiten abbauen, das Arbeitstempo steigern und ein Gefühl dafür bekommen, ob wir die Aufgaben in der passenden Zeit lösen können. Weiterhin ist das Lösen von Übungsklausuren auch eine Form der Wiederholung. Nach dem Lösen einer Übungsklausur sollten wir unsere Lösungen mit dem Lernmaterial abgleichen oder uns mit anderen über die Ergebnisse austauschen. Dies kann den Vorteil haben, einen zusätzlichen Blick für alternative Lösungsansätze zu erlangen. Weiterhin dient es dem Verständnis von Lerninhalten, diese auch einer anderen Person zu erklären.

➢ Ähnlich funktioniert das Üben mit Übungsaufgaben, z.B. aus dem Unterricht oder der Vorlesung. Sollten diese bereits gelöst worden sein ist dies kein Hindernis. Im Gegenteil: das Kontrollieren wird dadurch sogar erleichtert. Weiterhin können unverständliche Inhalte auch zuerst anhand der Lösung nachvollzogen werden.

➢ Ebenso ist es möglich, mit selbst erstellten Fragen zu üben. Diese sollten am besten vorher verschriftlicht werden. Dabei machen wir uns sogar noch einmal zusätzlich Gedanken über den Lernstoff und müssen deshalb genug Grundwissen besitzen, um zu ermitteln was gefragt werden könnte. Alternativ können wir uns auch während des Lernens Unklarheiten notieren, um diese dann als Übung zu beantworten. Bei der nachfolgenden Kontrolle unserer Antworten zeigt sich dann, ob die entsprechenden Lücken in unserem Wissen geschlossen sind.

Zum einen bietet Übung den Vorteil die Prüfungssituation zu simulieren, durch das Abrufen des Gelernten im Zuge von Arbeitsaufträgen. Zum anderen erhalten wir direktes Feedback über unseren Wiederholungserfolg. Wiederholen wir lediglich theoretisch die Lerninhalte kommt es immer wieder vor, dass wir etwas vergessen. Beim Üben erkennen wir direkt, wie erfolgreich wir eine konkrete Fragestellung beantworten konnten. Dies ist essentiell für erfolgreiches Lernen und vor allem für das Bestehen der Prüfung.

Das Üben kann weiterhin auch eine Möglichkeit sein, neue Themengebiete zu erschließen. Wir gehen also von der Praxis in die Theorie. Dies kann sinnvoll sein, um ein Grundverständnis für den Lerninhalt zu entwickeln.

Beispielsweise wenn wir in der Mathematik eine Kurvendiskussion erstellen sollen, jedoch aus der Theorie heraus nicht in der Lage sind, eine solche selbst zu erstellen. Statt uns weitere theoretische Hintergründe anzueignen, kann es sinnvoll sein, zuerst im

---

> Unterricht gelöste Kurvendiskussionen nachzuvollziehen. Wir sehen bereits das Ergebnis und verstehen Schritt für Schritt wie der Lösungsweg zustande kommt. Daraus kann sich dann leichter ein allgemeineres, theoretisches Vorgehen ableiten lassen.

Dieses Vorgehen ist nicht aus der Luft gegriffen, sondern ergibt sich aus dem Umstand, dass häufig erst konkrete Beispiele neuen Stoff verständlich machen.

Beginnen wir den Lernprozess mit dem Üben von Aufgaben, denken wir uns möglicherweise wesentlich befreiter in ein Themengebiet hinein und wenden dabei bereits unbewusst theoretische Grundlagen an oder machen diese verständlich.

Die Übung stellt also eine sinnvolle Vorbereitung auf Prüfungen dar, sowie eine Möglichkeit neu gelerntes durch Anwendung zu wiederholen. Jedoch kann Übung auch zur Erarbeitung und zum Verständnis neuer Lerninhalte genutzt werden.

3.14 Umgang mit Verständnisproblemen und schwierigen Lerngebieten

Voraussetzung, um Unklarheiten zu beheben ist selbstverständlich auch die Bereitschaft sich einzuarbeiten. Das Verstehen "Wollen" lässt sich durch nichts ersetzen. Weiterhin ist bei einigen Stoffgebieten auch ein gewisses Vorwissen aus vorherigen Themengebieten notwendig, um darauf aufzubauen – so z.B. in Physik oder Mathe.

Im Folgenden beschäftigen wir uns mit einer Möglichkeit, eigenständig "Problemstellen" zu verstehen, setzen hierbei aber die zwei genannten Grundbedingungen voraus. Wir möchten den Lernstoff verstehen (sei es nur für eine gute Note) und wir haben zumindest das zwingend notwendige Vorwissen.

Bei Verständnisproblemen stehen natürlich klassische Methoden zur Verfügung, welche den Meisten bereits bekannt sein werden. Wenn wir selbst nicht mehr weiterkommen, kann es helfen neue Assoziationen und Anknüpfungspunkte zu schaffen oder einen anderen Blick auf die Thematik zu erhalten. Das kann durch die Hilfe einer anderen Person erfolgen, aber auch durch eigene Recherchen im Internet oder mit Literatur, um somit weitere Ansätze und Erklärungsversuche zum Lernstoff kennen zu lernen.

Entscheidend soll für uns allerdings eine andere Frage sein. Wie kann ich vorgehen, wenn ich auf mich allein gestellt bin? Was kann ich tun, wenn aus irgendeinem Grund Nachfragen und große Recherche nicht möglich sind, z.B. aufgrund von begrenzter Zeit?

Das Vorgehen unterscheidet sich hierbei beim eigenständigen Aufarbeiten nicht grundlegend von der Hilfe von außen. Neue Ansatzpunkte werden geschaffen oder Zusammenhänge neu aufgearbeitet. Was kann das nun konkret heißen? Um dies zu erläutern nutzen wir das bereits bekannte Beispiel unseres Lernzettels zum Thema Reptilien (3.3). Bestehend aus einer *Definition*, einer *Grafik* zum Vorkommen, einer *Tabelle* mit allgemeinen Eigenschaften, einer *Aufzählung* von Vertretern und einer *Stichpunktliste* mit Besonderheiten. Wir gehen nun davon aus, dass bei den Besonderheiten die Verständnisprobleme auftreten.

1. Wie können wir vorgehen, wenn einzelne Teilgebiete (hier die Besonderheiten) unverständlich sind?
Häufig kann die Ursache dafür ein Konzentrationsproblem sein oder der bloße Umstand, dass wir etwas offensichtliches übersehen. In diesem Fall kann es bereits helfen, das Lerntempo bewusst zu drosseln. Der Fokus wird auf die unverständliche Stelle gelegt und be-

reits Verstandenes ausgeblendet. Wir versuchen bewusst die Problemstelle nicht einfach zu überfliegen, sondern diese noch einmal bewusst wahrzunehmen.

Für unser Beispiel könnte das heißen, die Besonderheiten ein weiteres Mal gesondert zu betrachten und bewusst jede Besonderheit dem jeweiligen Vertreter zuordnen. Oder auch zu überlegen, wie sich die einzelnen Besonderheiten ausdrücken oder assoziieren lassen, z.B. mit dem Aussehen des Vertreters.

2. Was können wir tun, wenn ein bewusstes Wiederholen der Problemstelle nicht ausreicht?

In diesem Fall können wir einen Bearbeitungsschritt weiter vorne ansetzen. Möglicherweise müssen wir den unverständlichen Lernstoff noch einmal überprüfen. Sind unsere Tabelle, Stichpunkte oder ähnliches auch in sich schlüssig? Oder fehlen vielleicht noch entscheidende Informationen und Zusammenhänge? Dies läuft dann darauf hinaus, dass wir Problemstellen noch einmal umstrukturieren.

Bezüglich unseres Beispiels könnten wir die Zuordnung zwischen Vertretern & Besonderheiten überprüfen. Sind diese richtig miteinander verknüpft? Oder erscheinen uns einzelne Informationen als unpassend oder nicht zielführend? Ein weiteres Durchdenken und Umstrukturieren der Problemstelle kann bereits Verständnisprobleme lösen.

3. Sollte dies immer noch nicht helfen unsere Verständnisprobleme zu beheben, können wir den Gesamtkontext mit einbeziehen.

Eine Umstrukturierung und Betrachtung des relevanten Lernstoffs als Ganzes kann nun der nächste Schritt sein. Ist die Problemstelle vielleicht falsch innerhalb unseres Lernskripts eingeordnet? Wurden wichtige Informationen vor und hinter unserer Problemstelle falsch oder gar nicht bedacht? Wir versuchen also auch den übergeordneten Kontext, wenn nötig, neu zu durchdenken.

Stellt sich eine Information im Abgleich mit den allgemeinen Eigenschaften vielleicht gar nicht als Besonderheit heraus?

4. Wenn diese drei Schritte uns nicht weiterhelfen, kann auch etwas Abstand vom Lernstoff gesucht werden. Manchmal kann bereits ein neues Betrachten der Lerninhalte, einen Tag oder ein paar Stunden später, Verständnisprobleme beseitigen. Manchmal gehen wir eben einfach fälschlicherweise davon aus, dass wir gerade in der richtigen Verfassung zum Lernen sind. Weiterhin kann es sinnvoll sein, den Kopf vom problematischen Lernstoff frei zu bekommen, z.B. durch eine Freizeitaktivität oder das Lernen anderer Inhalte. Denn manchmal übersehen wir auch einfach nur etwas offensichtliches, haben uns jedoch schon so sehr auf die Problemlösung fokussiert, dass uns dies ohne etwas Abstand nicht auffällt. Helfen alle diese Vorschläge nicht, kann es natürlich auch sein, dass tatsächlich intensivere Nachbearbeitung oder Hilfe von außen nötig sind.

Wenn wir uns selbstständig eine Problemstelle erschließen möchten, müssen wir dies auch zwingend wollen und das nötige Vorwissen haben. Ist dies der Fall, befassen wir uns mit den unverständlichen Inhalten und durchdenken diese langsam und bewusst. Sofern dann weiterhin Unklarheiten bestehen, sollten die entscheidenden Inhalte noch einmal inhaltlich sowie bezüglich ihrer Anordnung überprüft werden. Unter Umständen müssen wir sogar den Gesamtkontext und weitere Informationen betrachten oder vollkommen umstrukturieren. Etwas Abstand zum Lernstoff zu gewinnen, kann ebenfalls eine geistige Blockade lösen.

3.15 Notfallstrategien

Wofür brauchen wir Notfallstrategien und wie unterscheiden sich diese von den bisherigen Lernvorgängen? Zumeist sind Notfallstrategien erforderlich, wenn nicht genügend Zeit besteht, um mit Hilfe der erläuterten Techniken zu lernen. Das Ziel ist hierbei, aufgrund des Zeitmangels, nicht ein Themengebiet umfassend und nachhaltig zu erlernen, um darauf vielleicht auch aufzubauen, sondern lediglich eine Prüfung zu bestehen.

Hierbei sollte im ersten Schritt bewusst Zeit aufgewandt werden, um Prioritäten zu setzen. Welche Parameter oder Basisinformationen sind essentiell für einen Gesamtüberblick? Was ist prüfungsrelevant? Und welcher der prüfungsrelevanten Inhalte wird mir die meisten Punkte bringen? Wenn sich nicht einzelne Teilgebiete eines Themas als besonders relevant herausstellen lassen (wenn z.B. kein Prüfungsschwerpunkt genannt wurde), kann es sinnvoll sein zu lernen, was mir schlichtweg am interessantesten oder am leichtesten erscheint.

Je nachdem wie knapp die zeitlichen Ressourcen tatsächlich sind, kann es ebenfalls zielführend sein, einige der nachfolgenden Strategien zu verknüpfen. Neben der verbleibenden Lernzeit ist es für die Umsetzung von Notfall-Lernstrategien ebenfalls wichtig, ob der

Lerninhalt aufbereitet wurden. Wurde sich im Rahmen der Aufbereitung bereits mit dem Lernstoff beschäftigt, könnten bereits einige
Zusammenhänge und Erkenntnisse verinnerlicht sein und es können
leichter priorisierte Details gelernt werden. Fehlt diese Vorleistung,
kann in der verbleibenden Zeit mit einer Notfallstrategie meist nur
noch ein Gesamtverständnis für ein Thema geschaffen werden.

Es muss also auch eine Abwägung erfolgen - abhängig davon wie
viel der Stoffmenge wahrscheinlich abgefragt wird und wie viel wir
bereits beherrschen, müssen wir uns entscheiden. Lernen wir einen
Großteil des Stoffs oberflächlich und betrachten vorwiegend den
Gesamtkontext? Oder möchten wir ausgewählte Bereiche sehr spe-
zifisch lernen und diese fest verinnerlichen?

Beim Anwenden von Notfallstrategien wird meistens die Entscheidung getroffen, dass ein Themengebiet lediglich zum Bestehen der
Prüfung gelernt wird, eine weiterführende Anwendung der Lerninhalte ist vorerst zweitrangig. Wie können wir mit engen Zeitfenstern
umgehen?

Verbleibende Lernzeit…

… 1 Woche/Monat

Steht noch ein verhältnismäßig langer Zeitraum zur Verfügung, z.B.
ein Monat, können zumeist noch Wiederholungseinheiten eingeplant werden. Priorisierte Bereiche können mit Hilfe der erläuterten

Techniken erlernt werden. Bei Teilgebieten, welche wir als unwichtiger identifiziert haben, konzentrieren wir uns hingegen vorerst auf die Zusammenhänge. Einige detaillierte Nebeninformationen können ganz nebenbei durch den Wiederholungsprozess verinnerlicht werden, um somit unter Umständen zusätzliche Punkte für die Prüfung zu sichern.

… 1 Tag

Die Priorität kann hierbei auf zentrale Informationen sowie wirklich wichtige Stützen für den Gesamtzusammenhang gesetzt werden. Details und zusätzliche Teilbereich können nach einem Zufallsprinzip gelernt werden. Alternativ können auch alle nicht priorisierten Informationen oberflächlich betrachtet werden - z.B. durch schnelles Lesen. Einiges davon wird auf diese Weise zusätzlich gelernt und wird in der Prüfung abrufbar sein.

… 1 Stunde

Das Vorgehen kann hierbei sehr ähnlich sein. Genau wie bei einem verbleibenden Lerntag, wird natürlich bei einer einzelnen Stunde noch weniger Raum für Wiederholungen sein. Daher kann sich auch hier auf den Gesamtzusammenhang fokussiert werden. Wesentlich tiefer greifende Informationen können dann nicht aktiv gelernt werden.

… Wenige Minuten

Spätestens innerhalb eines so kurzfristigen Zeitrahmens wird es selten möglich sein, über den inneren Lerndialog viele Informationen zu lernen. Vielmehr wird hier durch möglichst häufiges Überfliegen und Lesen von Informationen noch versucht, grobe Zusammenhänge zu verstehen und zu hoffen, dass in unserem Wissensnetz noch ein paar Informationen hängenbleiben. Aktiv einzelne Details zu lernen ist meistens Zeitverschwendung, wenn es sich nicht gerade um essentielle Prüfungsbestandteile handelt.

Diese Zeitebenen müssen relativ betrachtet werden. Die genannten Lernzeiten sollen lediglich Richtwerte darstellen. Entscheidend ist es, die verbleibende Zeit zu ermitteln und anhand dieser abzuwägen. Was kann oder muss noch gelernt werden? Wie geht dies in der verbleibenden Zeit am effizientesten?

Ein entscheidender Unterschied zum vertiefenden Lernen ist das Reduzieren oder sogar Weglassen von Wiederholungszyklen, da der Zeitraum dies ohnehin nicht zulässt.

"Speedreading" stellt eine äußerst effiziente Notfallstrategie zum schnellen Erlernen von Lerninhalten dar. Voraussetzung hierfür ist ein gewisses Grundverständnis für den vorliegenden Stoff. Entweder waren wir wenigstens in der Unterrichtsstunde oder der Vorlesung anwesend oder wir haben sogar schon Markierungen in einem Text vorgenommen bzw. Informationen in Tabellen oder Stichpunkten aufbereitet.

Speedreading erfüllt genau den Zweck unseren Notfallstrategien. Der bewusste Fokus liegt auf Zusammenhängen und einem Grundverständnis für den Sachverhalt. Weitere ergänzende Informationen werden unbewusst verinnerlicht.

Basis für das Speedreading ist ein Verständnis dafür, dass unser Gehirn wesentlich mehr Informationen eines Textes oder Lernzettels aufnimmt, als wir annehmen.

Beim schnellen Lesen werden die als wichtig identifizierten Wortgruppen in einem Text oder die aufbereiteten Informationen in Tabellen- oder Stichpunktform bewusst erfasst. Unwichtiges wird hingegen ignoriert, zumindest wenn es um unsere bewusste Aufmerksamkeit geht. Die Informationen werden oberflächlich überflogen. Dabei überschreiten wir unser übliches Lesetempo. Beim ersten Lesedurchgang werden hierbei bereits erste Zusammenhänge deutlich und ein Verständnis für das Thema wird entwickelt. Bei folgenden Durchgängen werden unbewusst bereits verinnerlichte Informationen noch schneller überflogen und folglich wird der Fokus automatisch auf noch nicht Bekanntes gelenkt. Es ist also erfahrungsgemäß besser eine Ansammlung von Informationen, egal ob als Text, Tabelle oder in Stichpunkten, mehrmals schnell durchzuarbeiten, als einmaliges langsames Lesen. Zumindest wenn es darum geht, so viele Informationen wie möglich in so wenig Zeit wie möglich zu erlernen.

Die Technik des Speedreadings selbst muss natürlich auch ausprobiert und trainiert werden, um diese auf die individuellen Ansprüche und Fähigkeiten anzupassen.

Wer dieses Vorgehen jedoch nicht als zielführend empfindet, kann auch die uns bekannten Lerntechniken zu einer Notfallstrategie umformen. Vorher priorisiertes Wissen, z.B. Basisinformationen und Zusammenhänge, können mit Hilfe des inneren Lerndialogs ganz klassisch erlernt werden. Danach lassen sich, soweit es die zeitlichen Ressourcen zulassen, weitere Informationen leichter anknüpfen.

Unter Umständen kann sich die Notwendigkeit von Notfallstrategien bereits innerhalb eines langfristigen Zeitrahmens andeuten. Beispielsweise wenn wir merken, dass die verbleibende Vorbereitungszeit bei unserem normalen Lernrhythmus nicht ausreichen wird, um alle Inhalte vertiefend zu lernen. Für diesen Fall kann es zielführend sein, wie gewohnt verschiedenen Themengebiete umfassend im inneren Lerndialog zu lernen, jedoch nachfolgend auf häufige Wiederholung zu verzichten, z.B. um die gesparte Zeit zum

Lernen anderer Inhalte zu nutzen. Aufgrund der ausbleibenden Wiederholung können hierbei viele Details vorerst entfallen. Jedoch besteht durch das einmalig tiefgreifende Lernen die Möglichkeit, dieses Wissen kurz vor einer Prüfung wieder aufzufrischen.

Alternativ kann die verbleibende Zeit auch genutzt werden, um einige wichtige Informationen so tief wie möglich zu verinnerlichen. Allerdings müssen wir aufpassen, für welche Strategie wir uns an dieser Stelle entscheiden. Wenn wir versuchen so viel wie möglich zu lernen, haben wir in der Prüfung theoretisch auch Zugriff auf eine deutlich höhere Menge an Informationen. Beschränken wir die Informationsmenge hingegen bewusst, besteht nicht einmal mehr die theoretische Möglichkeit, die nicht gelernten Information irgendwie doch noch abzurufen.

Abschließend nun noch der folgende Hinweis. Es ist wichtig, in einer Drucksituation nicht die Nerven zu verlieren - wie z.B. wenn viel Stoff in wenig Zeit gelernt werden muss. Wir sollten in unsere eigene Fähigkeit vertrauen, uns Wissen auch kurzfristig anzueignen. Genau dafür reduzieren wir den Lerninhalt ja auch auf das Essentielle und die notwendige Leistungsfähigkeit hat unser Gehirn ohnehin. Führen wir eine Notfallstrategie durch, bilden wir lediglich noch das grundlegende Wissensnetz, egal ob mit Hilfe unserer Lernmethoden oder durch eine Speedreading Technik. Wenn erst einmal ein grundlegendes Verständnis für ein Themengebiet aufgebaut ist, können wir einzelnen Details relativ schnell lernen oder diese bleiben uns von ganz allein präsent. Durch die vorgestellten Notfallstrategien können wir also zumindest kurzfristig auch umfangreiches Wissen erlangen.

3.16 Erfahrungsbasierte Praxistipps

Abschließend werden nun noch ein paar Praxistipps zum Lernen genannt. Hierbei gilt es, wie für die meisten vorher behandelten Themen auch, verschiedenes auszuprobieren und am besten eigene Erfahrungen zu sammeln.

Wie kann mit Konzentrationsschwierigkeiten umgegangen werden?

Am Anfang einer Lerneinheit kommt es immer wieder vor, dass die eigene Konzentrationsfähigkeit beeinträchtigt ist, z.B. durch andere ablenkende Themen oder aufgrund von Stress. Hierbei kann es nützlich sein, das eigene Lernumfeld zu optimieren. Dies kann z.B. bedeuten, sich einen Ort absoluter Ruhe zu suchen.

Alternativ ist es aber auch möglich, dass ein einzelner dominanter Reiz wie z.B. Musik dabei hilft, eine Menge ablenkender Reize zu "überdecken". Auch wenn es widersprüchlich wirkt, kann also durch einen neuen Reiz, die notwendige Konzentration erreicht werden. Musik kann ein Hintergrundreiz sein, der den Lernenden nicht ablenkt und deswegen eine aktive Auseinandersetzung mit dem Stoff zulässt. Wird Musik als Konzentrationshilfe ausprobiert, sollten verschiedene Lautstärken getestet werden. Bei einigen reicht ein Hintergrundrauschen, andere können nur dann mit Musik lernen, wenn diese auch wirklich laut ist. Wieder andere können gar nicht mit Musik lernen.

Wie sieht ein richtiges Lernumfeld aus?

Das eine "richtige" Lernumfeld gibt es natürlich nicht. Die Anforderungen an einen geeigneten Lernort sind individuell. Es kann die Konzentration fördern, sich ein ruhiges und konstantes Lernumfeld zu schaffen (z.B. die Bibliothek, das eigene Zimmer, etc.). Ebenso kann es aber auch zielführend sein, Lerneinheiten immer wieder an unterschiedliche Orte zu verlegen, um so auch bewusst und unbewusst verschiedene Assoziationen zu schaffen. Manchmal erinnern wir uns auch, an welchem Ort oder in welcher Situation wir waren, als wir ein Thema gelernt haben. Dies könnte in einer Prüfungssituation hilfreich sein.

Wie können Startschwierigkeiten beim Lernen verhindert werden?

Sich vor dem Lernen von neuen Lerninhalten richtig "aufzuwärmen", ist grundsätzlich eine sinnvolle Variante, um einen Einstieg in ein bestimmtes Thema oder das Lernen generell zu erhalten. Wie bereits beschrieben, eignet sich dafür z.B. eine kurze Wiederholung von zuvor gelerntem Stoff, aber auch Denksportaufgaben oder die Beantwortung vorher formulierter Fragen.

Wie kann sich nach einer Lerneinheit verhalten werden?

Neben der aktiven Lernzeit, in welcher wir uns mit neuen Inhalten bewusst beschäftigen, sollten auch "passive" Lernzeiten nicht fehlen. Pausen zum Verarbeiten des Wissens, in denen wir uns mit nebensächlichen Aufgaben befassen. Solche Sickerphasen zur Verarbeitung des Gelernten können auch bewusst in die Lernzeit mit eingeplant werden. Um sich in der Praxis auch an die eigenen Pausenvorgaben zu halten, können z.B. dafür die Minuten nach der Lerneinheit eingeplant werden. Wir holen uns einen Kaffee, legen Wäsche zusammen, putzen Zähne, usw...

Wie kann mit thematischen Schwächen umgegangen werden?

Stellt sich ein Stoffgebiet oder ein Teilbereich für uns als Schwäche heraus, sollte dies kein Grund sein diesen zu fürchten - im Gegenteil. Schwächen können zu Stärken umfunktioniert werden. Solange der Wille besteht, auch einen Problembereich zu verstehen und zu erlernen, wird dies mit besonderer Zuwendung und zusätzlicher Arbeit auch meistens möglich sein. Genau dieser zusätzliche Aufwand, uns einen Lerninhalt selbstständig verständlich zu machen und diesen aus eigener Kraft zu erlernen, führt dazu, dass eine ehemalige Schwäche mit dem notwendigen "Wollen" zu einer Stärke werden kann.

> ➢ **Wie kann der Tag vor der Prüfung gestaltet werden?**

Das bestmögliche Verhalten am Tag vor einer größeren Prüfung hängt natürlich vom eigenen Lerntyp und den zeitlichen Ressourcen ab sowie der Frage, ob wir uns als gut oder schlecht vorbereitet wahrnehmen. Sollten es die eigenen Zeitpläne zulassen, kann es sinnvoll sein, bei guter Vorbereitung am Tag vor der Prüfung nichts neues mehr zu lernen. Es werden lediglich noch einmal wichtige Inhalte wiederholt. Auf diese Weise können wir den Kopf frei bekommen, indem wir den Tag vor der Prüfung zur Entspannung nutzen.

Ist die Vorbereitung bis zu diesem Zeitpunkt nicht ausreichend gewesen, könnte natürlich unter Umständen eine der beschriebenen Notfallstrategien angewandt werden.

IV Prüfungssituationen

1. Methoden zum Informationsabruf

Eigentlich sollte Folgendes passieren, wenn wir eine Prüfungsfrage lesen: uns fällt blitzartig, ohne dass wir genau wissen wie, die Antwort ein. Selbst wenn uns nicht sofort die richtige Antwort einfällt, können wir mit ein bisschen Überlegen meist die richtige Lösung finden. Da Erinnern assoziativ verläuft, lösen die Prüfungsfragen meist die richtigen Antworten ganz automatisch aus. Was aber, wenn dies nicht passiert, auch nicht nach längerem Nachdenken? Und was heißt in diesem Kontext überhaupt "Nachdenken"?

Um die erste Frage zu beantworten: es gibt zwei Wege, wie wir in der Prüfung eine Antwort auf eine Frage finden, die uns nicht sofort einfällt. Zum einen indem wir uns auf die Aufgabe konzentrieren und zum anderen indem wir uns bewusst "nicht-konzentrieren". Beide "Methoden" können dazu führen, dass uns eine Information einfällt. Wenn wir eine Antwort nicht wissen, können wir uns also sowohl gedanklich auf die Antwort "konzentrieren" als auch gedanklich "nicht auf die Antwort konzentrieren". Beides kann zu einem positiven Ergebnis führen.

Aber was genau ist mit "Nachdenken" gemeint und wie führt dieser Prozess zum Ziel? Als Nachdenken in einer Prüfungssituation kann das gezielte Durchsuchen unseres Gedächtnisses bezeichnet werden. Manchmal werden Informationen, die wir dort gespeichert haben, von anderen Informationen "verschüttet", die gerade eine höhere Priorität haben. Um dieses Bild beizubehalten, können wir sagen, dass Nachdenken ein Prozess ist, durch den wir Informationen "ausgraben" von denen wir wissen, dass wir sie gespeichert haben. Außerdem muss der Prozess des Nachdenkens zielgerichtet sein und unter Zeitdruck funktionieren.

Zuerst müssen wir uns bewusst machen: der Ausgangspunkt des Nachdenkens kann die bewusste und zielgerichtete Assoziation sein. Wir können uns also darauf konzentrieren, was uns zu einer Frage in den Sinn kommt. Indem wir das tun, beginnen wir nachzuvollziehen, wo die Information in unserem Wissensnetz platziert ist. Wir müssen versuchen, uns von einem Gedanken zum Nächsten zu hangeln. Aus einem Gedanken, der uns zur Lösung einfällt, leiten wir die nächste Assoziation ab, daraus wieder die nächste, bis wir dann zur richtigen Lösung gelangen. Wir denken bewusst nach, wenn wir versuchen eine Assoziation weiterzudenken. Wir assoziieren bzw. denken also über mehrere Stufen, bis wir auf das Ergebnis stoßen.

Haben wir die gefragte Information mit einer Mindmap, Tabelle oder Grafik gelernt, können wir versuchen uns den visuellen Standort oder eine Zusatzinformation in Erinnerung zu rufen. Manchmal führt dies zu einer Eingebung. Bei einer Mindmap oder Tabelle kann die Struktur (welche wir uns vielleicht gemerkt haben) innerlich ganz bewusst "abgelaufen" werden. Dabei schadet es nicht, vorgelagerte Informationen bewusst innerlich zu formulieren, um so unterbewusst auf die Suche nach angrenzenden Informationen im Wissensnetz gehen.

Ein weiterer Weg, an Informationen zu gelangen, kann sein, sich die Grundprinzipien oder Besonderheiten des Themengebietes in Erinnerung zu rufen, wenn es denn welche gibt. In manchen Fällen lassen sich aus diesen Besonderheiten weitere Informationen ableiten.

Es ist strategisch meistens sinnvoll sich am Anfang einer größeren Prüfung, einen Überblick darüber zu verschaffen, was nun tatsächlich konkret gefragt wird. Dabei kann es sein, dass uns schon beim Durchgehen der Fragen, Lösungen einfallen, bei denen wir aber Gefahr laufen sie wieder zu vergessen, sobald wir andere Aufgaben lösen. Hier kann es sinnvoll sein, sich schnell einige Wörter zu notieren, die uns später an die Lösung erinnern. Das Eintragen solcher Sicherungswörter bzw. Lösungsansätze kostet kaum Zeit und ist extrem effektiv, da wir sofort einen Lösungsansatz haben, wenn wir uns der Aufgabe zuwenden.

Können Fragen von uns nicht sofort endgültig zufriedenstellend gelöst werden, kann es sinnvoll sein, knappe Lösungsansätze zu notieren und an späterer Stelle für die Erstellung der endgültigen Lösung zurückzukehren. Bei "Ja-oder-nein-Fragen" können wir unsere Tendenz notieren. Wenn wir zu der Aufgabe "zurückkehren", wird unser Gehirn zu einem Abgleich gezwungen: es prüft automatisch die geschriebenen Informationen mit den "richtigen" Informationen im Langzeitgedächtnis. So erreichen wir ein Signal bezüglich der Richtigkeit unserer Tendenz oder Lösungsansätze und setzen möglicherweise weitere Informationen frei. Dieser Prüfmechanismus kann aber versagen: vielleicht haben wir die Information tatsächlich nicht ausreichend oder falsch verinnerlicht.

Manchmal stoßen wir während des Lernens auf bestimmte Informationen, die sich einfach schwierig lernen lassen, wie z.B. komplizierte Formeln in den Naturwissenschaften. Ein Trick, diese während der Prüfung dennoch sicher abrufen zu können, besteht darin, sich z.B. die Formel in den Minuten unmittelbar vor der Prüfung durch intensive Wiederholung ins Kurzzeitgedächtnis zu rufen. Beginnt die Prüfung, ist der erste Schritt diese Informationen zu notieren, z.B. auf die Prüfungsbögen. So sichern wir wichtige Informationen. Wie bereits angedeutet eignen sich dafür Formeln, Eselsbrücken, Jahreszahlen, Vokabeln und viele andere Informationsarten.

Wichtig ist, dass diese Informationen einigermaßen kompakt sind, damit nicht zu viel Zeit beim Notieren verloren geht.

Ebenso kann es eine sinnvolle Taktik sein, sich schwer zu merkendes oder "auf Lücke gelerntes" Wissen in den Minuten vor der Prüfung durchzulesen bzw. im inneren Lerndialog zu durchdenken. Haben wir in einer Biologieklausur z.B die Gärungsformen im Vorfeld nicht gelernt, können wir versuchen so viel wie möglich in der Klausur präsent zu haben, indem wir uns in den Minuten vor der Prüfung intensiv mit der entsprechenden Tabelle beschäftigen. Haben wir uns auf alle Aspekte gut vorbereitet, können wir dennoch zum "Warmmachen" vor einer Prüfung nochmal locker den Stoff wiederholen. Es kann aber ebenso sinnvoll sein, sich kurz vor der Prüfung auf das "Nichtstun" zu konzentrieren und sich nur mental vorzubereiten. Hier muss jeder selbst herausfinden, was am zielführendsten ist. Letztlich kann es auch darum gehen, wie wir Prüfungsangst vermeiden.

2. Umgang mit Prüfungsangst

Prüfungsangst kann unseren gesamten Lernfortschritt durchkreuzen, indem sie Stress auslöst und uns gedanklich blockiert. Es gilt also Stress ganz bewusst zu reduzieren. Unser kurzfristiger Einfluss auf unsere generelle Stressveranlagung ist gering. Wir können aber langfristig daran arbeiten, uns von Prüfungssituationen nicht stressen zu lassen bzw. besser mit dem Stress umzugehen. Insbesondere durch Erfolgserlebnisse und durch mentale Arbeit. Vor allem das Vertrauen in die eigenen Fähigkeiten sollte gestärkt werden. Es gibt aber auch Möglichkeiten, um kurzfristig vor einer Prüfung innerlich ruhiger zu werden.

An erster Stelle steht eben dieses Selbstvertrauen. Denn in fast allen Prüfungen, die wir auf unserem Bildungsweg absolvieren müssen gilt: sie sind offensichtlich machbar, denn es besteht ja ein Großteil der Teilnehmenden. Das bedeutet auch, dass wahrscheinlich genug Zeit zur Verfügung gestanden hat. Haben wir diese Zeit gut genutzt und dabei keine größeren Verständnisprobleme gehabt, gibt es keinen rationalen Grund für allzu große Prüfungsangst. Die investierte Zeit und die damit verbundene Auseinandersetzung mit dem Stoff wird immer zu etwas genutzt haben. In diesem Kontext kann es Sinn ergeben sich bewusst zu machen, wie umfangreich die eigene Lernphasen waren oder sich an erfolgreich absolvierte Übungen zu erinnern. Wenn diese Übungen nicht lange in der Vergangenheit liegen, können wir dieses Wissen theoretisch auch in der Prüfung abrufen. Darauf ist unser Gehirn ausgelegt. Das machen unsere Klassenkameraden oder Mitstudenten genauso, also können wir das auch.

Egal ob wir gelernt haben oder nicht: wir können uns vor der Prüfung auch immer die Frage stellen, was die schlimmsten Konsequenzen sind, sollten wir tatsächlich versagen. Es wird wenige Prüfungen geben, die einen so langfristigen Einfluss auf unser Leben haben, dass tatsächlich ein Grund für Angst besteht. Gerade wenn wir uns viel und intensiv vorbereitet haben, ist die Prüfung oft das einzige an was wir denken können und sie erscheint uns in diesem Augenblick wie eine der wichtigsten Sachen in unserem Leben. Wir müssen uns klar machen, dass dies nicht der Fall ist. Es wird meistens eine Möglichkeit geben eine nicht bestandene Leistung zu wiederholen oder seine Leistung insgesamt wieder zu verbessern.

Ein absolut großartiger geistiger Trick ist es, sich innerlich in die Minute nach der Abgabe der Prüfung zu versetzen. In der ersten Minute nach der Abgabe ist uns das Ergebnis meist völlig egal und wir fühlen uns einfach befreit, weil wir es endlich hinter uns haben und

ohnehin nichts mehr an den abgegebenen Ergebnissen ändern können. Wir können versuchen dieses Gefühl vor der Prüfung abzurufen.

Weder die Prüfung noch der Prüfer wollen uns in der Regel etwas
Böses. Manchmal erscheint es uns zwar so, letztendlich geht es aber
bei einer Prüfung nur um die Abfrage von vorher vermitteltem Wissen bzw. Schlussfolgerungen, welche mit Hilfe bereits erlernten
Wissens gezogen werden können. Wenn wir uns gut vorbereitet haben, können wir uns vor der Prüfung vorstellen, wir müssen bzw.
dürfen gleich einige Fragen zu einem Thema beantworten, welches
uns sehr interessiert und in dem wir uns auskennen.

Um noch mehr Sicherheit zu erlangen, könnte es sinnvoll sein, sich
noch einmal mit dem Erlernten vertraut zu machen. Auch weil es
uns von unserem Angstgefühl ablenkt. Dabei geht es nicht mehr
zwangsläufig um tatsächliches Lernen, sondern vielmehr um ein
entspannendes "Durchgehen" des Lernstoffs.

Zu Recht gefürchtet sind unangenehme Blackouts in der Prüfung,
also das Gefühl nichts mehr zu wissen und auch bei großer geistiger
Anstrengung, keine Frage beantworten zu können. Hier gilt zuallererst: Ruhe bewahren. Das ist zwar leichter gesagt als getan, ist aber
der einzige Ausweg, da ein Hineinsteigern in den Blackout in eine
Stressspirale führt, welche die Situation nur verschlimmert. Am

besten ist es, sich innerlich für einige Minuten bewusst aus der Prüfungssituation zu nehmen. Wir nehmen uns z.B. unsere Flasche Wasser, schauen auf die Uhr oder prüfen, ob uns das Layout der Prüfungsbögen gefällt. Das klingt nach Zeitverschwendung? Durch den Blackout würden wir in diesen Minuten ohnehin nichts Produktives auf das Papier bringen. Also können wir uns die Zeit nehmen, auch wenn wir dafür einige Minuten brauchen und am Ende die Zeit für einzelne Aufgaben fehlt. In dieser Zeit können wir uns aktiv vergegenwärtigen, dass wir doch gelernt haben und das Wissen definitiv in unserem Gedächtnis steckt. Es ist immer noch besser weniger zu bearbeiten als gar nichts aufgrund einer geistigen Blockade.

Sind wir etwas ruhiger, suchen wir uns irgendetwas in der Prüfung was wir beantworten können. Eine einfache Frage oder etwas das wir einfach zufällig trotz Blackout noch wissen. Alternativ können wir mit den oben erklärten Erinnerungstechniken die verschiedenen Prüfungsabschnitte durchgehen und uns Notizen machen, sollten wir Aufgaben weiterhin nicht beantworten können.

V Abschließende Worte

Nun haben wir also unseren "Werkzeugkasten" vorgestellt. Verschiedenste Vorgehensweisen, die uns das Lernen erleichtern und es zum großen Teil sogar nachhaltiger gestalten. Sowohl bezüglich der Organisation und Vorbereitung des Lernprozesses als auch für das eigentliche Lernen. Nicht jeder wird alle Elemente dieses Werkzeugkastens für das eigene Lernen benötigen oder als hilfreich erachten. Dennoch stellen die vorgestellten Vorgehensweisen und Methoden einige Möglichkeiten bereit, den Umgang mit Lernstoff zu modifizieren oder vollkommen neu zu überdenken.

Welche Techniken am Ende übernommen werden, ist natürlich sehr individuell und abhängig vom eigenen Anspruch, den Erfahrungen und Zielen.

Mut und Eigenverantwortung zum Ausprobieren und Entwickeln der richtigen Techniken ist notwendig. Die für uns richtigen Werkzeuge zu erkennen, ist kein Selbstläufer und kann am Anfang sogar mit höherem Zeitaufwand und Frust verbunden sein. Es lohnt sich jedoch diese Zeit zum Perfektionieren der für uns passenden Methoden zu nutzen, um am Ende bequemer, nachhaltiger und schneller zu lernen.

Der Wille sowie die Bereitschaft zu lernen und mit Rückschlägen umzugehen, muss jedoch vorhanden sein. Selbst wenn uns ein Lern-

inhalt inhaltlich nicht anspricht, müssen wir zumindest für ein über-
geordnetes Ziel entsprechende Motivation aufbringen. Das für uns
beste Vorgehen findet sich nicht von selbst. Und auch das lernen
"Wollen" kann uns keiner abnehmen. Diese Eigenleistung ist zwingend notwendig. Nur dann können die vorgestellten Werkzeuge
auch unser Weg zum gewünschten Ergebnis sein.

Viel Erfolg beim Lernen!

Maximilian Geisler & Jonas Alff

VI Glossar

Aufgabeneffekt: Als Aufgabeneffekt bezeichnen wir die Lernwirkung, die dadurch entsteht, dass wir uns durch das Bearbeiten einer Aufgabe mit den Informationen auseinandersetzen.

Basisinformationen: Grundlegende, verallgemeinerte Pfeiler in einem Wissensnetz; können z.b. allgemeine Merkmale sein, welche in einem Themengebiet betrachtet werden.

Blank: Leer, unausgefüllt.

Brainstorming: Sammeln von spontanen Einfällen, z.b. zum Lösen eines Problems.

Cluster: Logische Zusammenfassung von Elementen mit (mindestens) einer gemeinsamen Eigenschaft.

Dominanter Reiz: beherrschender Reiz; stärkster Reiz.

Effizenzsteigernd: Das gleiche Ergebnis mit weniger Aufwand erreichen oder mit dem gleichen Aufwand ein besseres Ergebnis erreichen.

Essentiell: Zwingend notwendig; wesentlich.

Flexibel: Anpassungsfähig, offen für Veränderung.

Innerer Lerndialog: Oder auch inneres Selbstgespräch; ein Vorgang, bei dem wir durch bewusstes innerliches Ausformulieren von Informationen diesen Aufmerksamkeit schenken. Dieses bewusste innere Sprechen stellt die eigentliche Lernanstrengung dar.

Informationen: Sind das Wissen, welches sich der Lernende einprägen/verinnerlichen muss.

Integrieren: Einordnen, hinzufügen.

Kanalisieren: Gezieltes Lenken in eine bestimmte (gewollte) Richtung.

Kognitive Schema: Auch Ordnungsmuster oder Wissensstruktur; ist unser gedankliches Modell zu einem Themengebiet. Es enthält Informationen zu einem Thema sowie die Verbindungen zwischen diesen.

Kontext: Zusammenhang, Gesamtzusammenhang.

Kontraproduktiv: Dem eigentlichen Ziel entgegenwirken.

Makro: Die übergeordnete Ebene; in diesem Fall ist die Einordnung einzelner Themengebiete nach Zeitbedarf, Strukturierungsbedarf, Übungszeiten usw. gemeint.

Materie: Gesamter Inhalt eines Themengebietes.

Mikro: Die untergeordnete Ebene; in diesem Fall ist die Planung der tatsächlichen Lerninhalte gemeint.

Modifizieren: Etwas zielgerichtet anpassen bzw. verbessern.

Nebeninformationen: Können die konkreten Ausprägungen einer Basisinformation sein.

Operatives Lernen: Beschreibt den tatsächlichen Vorgang des Einprägens von Informationen, nachdem wir alle Vorbereitungen abgeschlossen haben.
Durch operatives Lernen bauen wir praktisch neue Wissensnetze auf oder setzen Informationen in ein bereits bestehendes Wissensnetz ein.

Optimieren: Etwas in den bestmöglichen Zustand versetzen.

Präferenz: Eine Vorliebe für etwas. Wer die Wahl hat und lieber Fußball statt Handball schaut, der präferiert Fußball.

Präsent halten: Durch Wiederholung und Anwendung die Informationen abrufbar halten und zur Verfügung haben.

Priorität: Vorrang einer Sache gegenüber einer anderen. Hat eine Information priorität, ist diese (in diesem Moment) wichtiger als andere Informationen.

Relativ: Im Verhältnis zu etwas anderem.

Rekapitulieren: Etwas zusammenfassend wiederholen.

Reproduzieren: Informationen selbstständig und möglichst ohne Hilfsmittel wiedergeben.

Resultieren: Als Folge aus etwas hervorgehen.

Rezitieren: Etwas aus dem Gedächtnis wortwörtlich wiederholen/vortragen.

Selektiv: Eine bestimmte Auswahl betreffend.

Sensibilisieren: Bewusstsein für etwas entwickeln.

Skript: Aufzeichnungen, schriftliches Lernmaterial

Strategisch: Die oberste Ebene des Lernvorhabens. Untergeordnet finden sich die Lerntaktik und das operative Lernen. Die Lernstrategie ist die vorbereitende Ebene für die Lerntaktiken.

Strukturierungsgrad: Die Tiefe/Das Ausmaß, in der ein (Lern-)Plan ausgearbeitet wird.

Taktisch: Lernabläufe, die aber dem konkreten Einprägungsprozess übergeordnet sind.

Wissensnetz: Kognitives Schema für ein konkretes Themengebiet, in welchem alle Informationen und alle Verbindungen im weitesten Sinne verankert und vernetzt sind. Ein Wissensnetz steht nie für sich allein und ist nie klar abgrenzbar, sondern ist immer auch mit anderen Wissensnetzen verbunden. Ziel beim Lernen ist es, Informationen nachhaltig in ein oder mehrere Wissensnetze einzubauen.

Zusatzinformationen: Weniger wichtige Informationen, die oft keine aufbauende Funktion haben, aber mit anderen Informationen verbunden werden können.

Über die Autoren

Wenn es in der Schule nicht läuft, hilft nur eine gehörige Portion Nachhilfe oder? Falsch, dachten sich die Autoren Jonas (2002) und Max (1998). Tatsächlich braucht es eigentlich nur die richtige Lerntechnik.

Die Autoren haben sehr unterschiedliche Geschichten: der eine macht ein einser Abitur, ohne wirklich zu wissen wie. Dabei kam bei Mitschülern und Familienmitgliedern immer wieder die Frage auf, wie dies mit "so wenig Aufwand" möglich sei - klar war, dass nicht die Lernzeit, sondern die Qualität des Vorgehens von Bedeutung ist. Was genau diese Qualität ausmacht, war zu diesem Zeitpunkt für ihn jedoch auch nicht greifbar.

Der andere scheitert in der Schule und bekommt ein Gefühl dafür, was praktische Probleme im Lernalltag sind und was es heißt, nicht zu wissen, wie Lernen funktioniert. Später dann studiert er aber erfolgreich, nachdem er sich intensiv mit verschiedenen Lerntheorien beschäftigt hat. Heute ärgert er sich immer wieder darüber, sein heutiges Wissen über Vorgehensweisen beim Lernen nicht schon in der Schule gehabt zu haben.

Dann stellen beide fest, dass sie eigentlich die gleichen Methoden verwenden und entscheiden sich dazu, ihre Erfahrungen aufzuschreiben. Hierbei war es den Autoren wichtig, dass nur geschrieben wird, was ihnen in der Praxis beim tatsächlichen Lernen auch geholfen hat.

Printed in Great Britain
by Amazon

76907418R00102